구 철원 거리에 서다

조광태 시집

새로운 세상의 숲
신세림출판사

구 철원 거리에 서다

조광태 시집

자서
(自序)

10년 만에 네 번째 시집을 출간하게 돼서 너무 기쁩니다.
2020년 4월에 위암 4기 진단받고 투병 생활에 전념하다 보니
출판은 엄두도 내지 못하고 맘만 있었지만 내 간절함이
우주에 있는 모든 신들께 통했는지 치료는 시간과 함께
좋아져서 지금은 일상생활에는 지장 없을 정도로 호전돼서
원고를 정리해서 출판하게 되었네요.
지금 생각하면 의사 선생님도 처음 진단할 때는
전이 된 부분이 있어서 수술은 할 수 없고 약물과 항암치료가
힘든 싸움이 될 거라고 그래도 해보자고 하면서
병원 갈 때마다 증상이 좋아지는 모습에 이것은 드문 경우라고
있을 수 없는 일이 생기고 있다고 하면서 지금까지 왔지요
그래서 나를 위해 간절함을 보내는 이들 덕분에
내 영혼의 등 뒤에 나도 알 수 없는 든든한 백이 있다는 것을
확신하면서 앞으로도 치료에 전념할 겁니다.
이번 시집은 분단과 철도라는 내용으로 이 땅의 간절함을
이 땅이 가야 할 길을 이 땅이 이루어야 할 길을
담아낸 시로 현장을 찾아다니면서 쓴 글입니다

2024년 8월 31일

제1부　구 철원 거리에 서다 -소이산

제2부 구 철원 거리에 서다 -지뢰밭

차례

제3부 경의선 대륙을 달리다

제4부 시베리아 횡단 철길

제 1 부

구 철원 거리에 서다 -소이산

구 철원 거리에 서다
-소이산

구 철원 읍내에 포탄이 쏟아지고
하늘에서는 비행기 폭격으로
불바다가 되어 집들이 불타고
지옥이 되어 처참하게 무너지는
구 철원의 읍내 모습을
소이산은 다 지켜봤지요

동족끼리 총부리 겨누고
죽여야 살 수 있는 아우성 속에
살아 있어도 살아 있는 게 아닌 공포 속에서
언제 끝날지 모르는 전쟁의 회오리 속에
공포로 보내는 나날이 두려운 것은
언제 어떻게 죽을지 몰라서
죽음의 공포와 싸우는 모습도
소이산은 지켜봤지요

쏟아지는 포탄 터지는 소리에
처참한 죽음들이 쓰러지는 모습은
피의 파편으로 흔적조차 찾기 힘든 죽음들
살아서 고향에 가겠다는 간절함은
천둥 같은 포탄 소리에 묻혀
철원평야에 있는 산야마다

잠이든 용사들 한 맺힌 피눈물을
소이산은 다 지켜봤지요

앞으로 구 철원은 어떻게 흘러갈지
끊어진 철길은 이어져 오고 갈 수 있을지
세월은 흘러갔지만, 휴전선 가시철조망
비무장지대는 변하지 않고 침묵만 흐르는데
이 땅 변화의 바람은 언제쯤 불어오는지
북녘 하늘 바라보는 소이산은 알고 있는지요.

소이산 : 구 철원 읍내에 있는 작은 산
구 철원의 남산이라고도 함

구 철원 거리에 서다
-감리교회

다 무너진
구 철원 감리교회 앞
아무것도 없는 이 거리에서
깊은 생각에 잠깁니다

바람은 불면 다시 돌아오지 않고
세월도 가면 돌아오지 않지만
기다림은 가는 세월도 뛰어넘을 수 있고
지나가는 바람도 비켜설 수 있으니
우리가 기다리고 기다려서 이루고 싶은 것은
이 땅이 옛 모습으로 돌아가는 겁니다

무너진 감리교회도 그때처럼 일으키고
이 거리에 그때처럼 이웃들을 살게 하고
어둠을 깨우는 예배당 새벽 종소리도 있게 해서
별이 총총한 새벽에 기도하는 사람 있게 하고
생계를 위해서 바쁜 사람들도 있게 해서
이 땅이 다시 생기 넘치는 시절로 돌아가게
옛 건물 골목도 그대로 돌려놓고 싶습니다

새벽이면 철원역으로 들어서는 열차 소리를
물어뜯으며 사납게 컹컹 짖는 멍멍이도 있게 하고

새벽기도 올리는 교회에서 찬송가 소리도 있게 해서
사람들이 잠자리에서 일어나서 하루를 시작하는
평범한 사람들의 삶이 있게 하고 싶습니다

간절한 기도로 세상을 바꿀 수 있다면
간절함으로 원함을 얻을 수 있다면
얼마나 좋을까 얼마나 좋을까
간절함으로 살아온 수십 년은
기다려온 세월에 닿지 못하고
오늘도 간절한 기도 합니다

침묵이 흐르는 이 거리에
흥청거림이 있게 하소서

구 철원 거리에 서다

-농산물 검사소

그렇게 많았던 건물은
폭격으로 흔적 없이 사라지고
그중에 멀쩡한 건물 하나
깊은숨 몰아쉬며 서 있지요

구 철원역으로 가는 길 왼쪽으로
왜색이 짙은 모습으로 서 있는
농산물 검사소 건물은 낯선
냄새가 물씬 풍기고 있지요

다 사라진 건물 중에
오로지 하나 남은 농산물 검사소
폭격을 피할 수 있는 이유가
멀쩡하게 남아 있는 이유가
어디에 있는지 우리는 알지 못하지요

그래도 멀쩡하게 서 있다는 게
이 거리가 구 철원의 중심임을
무너지지 않은 멀쩡함으로 말하는 것 같고
이대로 이 거리가 옛 모습으로 돌아가고 싶다는
간절함도 같이 서 있는 것 같은
구 철원 거리에 있는 농산물 검사소지요

옛날처럼 다시 구 철원 중심으로 서서
구 철원이 필요한 건물들이 곳곳에 들어서서
사람들이 활보하는 거리 민통선이 사라지는 거리
우리는 그런 간절함을 새기면서
멀쩡한 농산물 검사소 바라보고 있지요

구 철원 거리에 서다
-제5 검문소

햇살 노랗게
쏟아지는 봄이 오면
계절에 맞게 못자리
모내기하는 철원평야지요

철원평야 일궈내기 위해서는
군인들이 지키는 검문소를 통과해야 하고
해가 지기 전에 민통선을 나와야 하는
자유롭지 못한 농사로 철원평야 일궈내지요

허락된 이들만 통과하는 검문소
집도 지을 수 없고 밤을 지낼 수 없고
고성방가 음주 가무 소란이 금지된 곳
군인들의 날카로운 눈빛과 침묵만 있는 곳에
오로지 농사만 위한 것들만 허락된 곳에
통제가 있어도 철원평야는 일궈내지요

검문소를 통과할 때는 신분증을 맡기고
탑승자를 확인하고 차단봉이 올라갈 때는
국경선을 넘는 것 같아서 이대로 남방한계선
한쪽 방벽을 헐어내고 휴전선도 거둬내서
눈길 끝에 있는 평강까지 이어지는 농로를 내서

남북의 철원평야를 함께 일궈내고 싶네요

하루는 북 철원평야에서 모내기하고
다음날은 남 철원평야에서 모내기하면
얼마나 좋을까요, 남북이 두둥실 어깨동무하면서
새로운 세상으로 가는 철원평야 일궈내는 농사
북녘 사람들과 함께하는 날 언제쯤 될까요.

구 철원 거리에 서다
-감리교회 2

소이산 마주 보면서
흰 민들레꽃 피어 있는
언덕 위에 감리교회 있지요

곰보 돌로 쌓아 올린 교회
덩그러니 무너진 채
앙상한 뼈대만 남아서
하늘 향해 있지요

총탄 자국 포탄 자국
아프게 남아 있는 감리교회
무너진 건물을 스치는
바람이 불어와도
계절이 바뀌어 봄이 와도
산과 들로 봄꽃이 요란해도
덩그러니 그렇게 있지요

어쩌다 교회가 궁금해서
지나가는 나그네 찾아와서
무너진 감리교회 주변을 돌고
곰보 돌로 쌓아진 벽 바라보다
쓸쓸함이 묻어난 걸음으로 돌아가는

구 철원 읍내 언덕 위에 감리교회
흰 민들레 홀씨 바람에 날리고 있네요

구 철원 거리에 서다
-구 철원

비록 지금은
분단의 땅으로
더 이상 갈 수 없는
막다름에 땅이지만
새로운 세상을 여는 곳은
여기 구 철원이지요

북녘땅으로 가는 곳도
더 큰 세상으로 뻗어가는 곳도
이곳이면서 새로운 꿈을 꾸면서
우리 상상의 국경선을 넓힐 곳도
휴전선 철조망을 안고 사는 이곳이지요

지금은 막다름에 길
더 이상 뻗지 못하는 종착지 이 땅은
침묵이 흐르는 땅으로 있으면서
새로운 시작을 꿈꿀 수 있는
철조망이 있는 땅이지요

철조망을 넘어서야 하는 땅이고
끊어진 철길도 이어야 하는 땅이면서
한반도의 새로움이 우리의 간절함이

팔천만의 마음이 모이는 곳이지요

철조망을 넘어서
분단을 넘어 더 큰 세상으로 가는
우리의 꿈은 여기서 시작하는 곳이니
마음을 모아 대륙으로 뻗는 꿈
우리끼리 이곳에서 열러 가자고요.

구 철원 거리에 서다
-구 철원 읍내

구 철원 읍내가 품고 있는
끝없이 펼쳐진 철원평야가 있고
아득한 지평선에 꿈을 심는 설렘이 있고
땀 흘리며 철원평야 일궈내는 사람들도 있고
고암산과 금학산이 앞뒤로 든든하게 있고
옛 선조들이 말 달리면서 천하를 호령하고 싶은
궁예의 꿈이 펼쳐지던 궁예도성도 있고
서로 아끼고 서로에게 기쁨이 되는 이웃이
어깨 기대며 살던 읍내가 흔적 없이 사라지게 한
포성이 멈추면서 휴전선 남방한계선이 생기고
민통선 출입을 막는 검문소가 곳곳에 생기면서
우리는 갈 수 없는 곳이 생기고 철길도 끊겨
철마는 쓰러져 깊은 잠이 든 구 철원이지요

휴전선 가시철조망이 사라지길 바라는
우리의 간절한 꿈을 그려보면서
서로 오고 갈 수 있는 길 하나
내는 날 언제쯤 될까요?

구 철원 거리에 서다

-노동당사

하늘 향해
서 있는 노동당사다
바라보면 침묵이고 침묵이다
온몸에 전쟁의 흔적인 포탄 자국이다
무너질 듯 버티면서 서 있는 모습은 안타까움이다
전쟁의 포성이 멈춘 지 수십 년이 흘러갔어도
아물지 못하는 상처는 품어주는 곳 하나 없음이다
오랜 세월 서 있는 노동당사에 얼키설키 서리게 달렸을
수많은 사연은 입에서 입으로 아프게 전해지는 노동당사다
노동당사는 언제까지 포탄 자국을 안고 거기에 있을 건지
바라보면 안타까움이 쌓이는 노동당사다
침묵 속에는 어떤 침묵의 진실이 숨어 있을지
바라보면 늘 거기 있는 노동당사는 침묵에 침묵이다.

구 철원 거리에 서다

-민통선

여기부터는
더 이상 갈 수 없는
막다름에 땅이지요

가던 발길을 멈춰야 하고
사람들이 살던 곳은 논밭이 되고
지뢰밭이 되고 아카시아 우거진
정글이 되어 있는 땅이지요

그리움이 밀물처럼 밀려오는 땅
상상으로 그려보는 북녘땅을 바라보면서
쓰러져 누운 철마를 일으켜야 하고
갈 수 없는 북녘땅을 달릴 철길을 이어
휴전선을 넘어 북녘땅을 넘어
더 큰 세상으로 이어지고 싶은
간절함이 넘치는 땅이지요

더 갈 수 없는 막다름은
새로운 시작을 꿈꾸게 하고
간절함을 싣고 달리고 싶은 철길은
동해선으로 나진 선봉 블라디보스토크 가고
경의선으로는 평양 신의주 단둥 가는

상상하는 철길이 지금 눈앞에
펼쳐지면 얼마나 좋을까요

중국횡단 철길 만주 횡단 철길
몽골횡단 철길 시베리아횡단 철길도
우리 땅으로 이어지는 꿈 꿀 수 있고
대륙과 하나 되는 간절함을 넘어서
가슴 밑바닥으로 차오르는
장벽을 뛰어넘는 웅비의 날개
활짝 펴는 날이 오늘이면
얼마나 좋을까요

구 철원 거리에 서다·2

이 거리에는
회복되지 못하는 후유증이
파괴되고 부서진 건물이
끊어진 철길이, 부서져 누운 철마가 있다
아물지 못하는 상처가 있고
이길 따라 침묵도 길게 누워있다
간절함이 뻗어있는 이 거리의 바람은
먼저 침묵을 걷어야 하고 아픔을 걷어내서
이 거리에 새롭게 그려보고 싶은 것은
길 양쪽으로 옹기종기 어여쁜 집들을 짓고
이웃과 마주하면 인사하는 거리가 돼야 하고
골목길에는 아이들이 뛰어놀면서
시끌시끌한 동네가 있어야 한다
노을이 빨갛게 물드는 저녁이면
동구 밖에서 뛰어노는 아이들을 부르면서
저녁 먹으라는 그 목소리가 있어야 하고
새 생명의 울음소리가 울려 퍼져야 하고
그러면 이 거리에 아물지 못하는 상처
치유되지 못하는 이 땅의 아픔도
다 사라지는 거리가 되면서
철원역에는 열차의 기적소리
기운차게 울려 퍼지지 않을까요.

구 철원 거리에 서다·3

길 따라 양쪽으로 지뢰밭이 있고
아카시아도 우거져 있어서
무심한 바람만 있는 이 거리에
무너진 건물만 줄지어 서 있지만
한때 이 거리도 멀쩡하고
사람들이 오고 가는 거리 일 적엔
이곳에 살던 사람들도 새벽조반을 하고
곤히 잠든 아이들을 바라보는 가장들은
대문을 나서며 헛기침을 흐리며
식구들 생계를 위해서 일터로 나서는
아침이 있었던 곳이지요.

구 철원 거리에 서다 · 4

관전리에서
철원역으로 가는 길은
어릴 적에 뛰어놀던 길이고
친구들과 학교 가던 길이고
꽃가마 타고 시집가던 길이고
오라버니 서울로 공부하러 가던 길이고
아버지 원산 서울 가던 길인데
난리 겪고 아무것도 없는 거리가 되어
여기 살던 사람들 다 떠난
텅 빈 거리가 되어
바람과 침묵이
이 거리의 주인이 되어
철원역으로 가는 길의 모습은
저승길만 남은 늙은이가
어릴 적에 뛰어놀던
기억 속에서만 있네.

관전리 : 구 철원 읍내에 있는 마을지명

철길이 놓였던 자리

봄 여름 가을 겨울
사계절이 수십 번 왔다 가도
대마리 가면 빈 철길이 있지요

주변에 논배미 반듯하게 이어져도
모내기 벼 베기를 수십 번 했어도
철길이 놓였던 자리 그대로 있지요

해마다 겨울이면 두루미 찾아와서
벗처럼 한겨울 머물다 가곤 하지만
변하지 않는 것은 빈 철길이지요

새롭게 생긴 백마고지역에서 멈춘
철길은 철원 역 월정 역 가곡 역으로
이어지는 희망 빈 철길 위에 있지요

대마리 : 백마고지 입구에 있는 마을

철원역 침묵은 언제 멈추는 겁니까

평행의 철길은
침묵 속에 놓여있고
침묵은 철길 따라
그리움으로 뻗어있어
철원평야는 침묵이 가득합니다

하늘과 땅이 맞닿은 지평선 너머로
우리의 소망 간절함을 실어서
침묵은 가고 평화가 올 수 있게
끊어진 철길은 이어야 합니다

바람도 숨죽인 침묵 속에서
칼날 같은 초병의 침묵 속에서
철로만 남아 있는 철원역 침묵은
이젠 깨어나야 합니다

깨지고 부서지고 사라진 것들
끊어지고 피 흘린 깊은 상처 보듬어서
일어나소서 일어나서 이 땅의 슬픔을
한을 삭혀서 새로운 세상으로
발길을 이어가야 합니다

너무 오래 피 흘리며
이 땅의 아픔을 끌어안고 와서
멈추어진 침묵의 세월 속에
묻혀 있는 잊힌 이름들
그 이름들도 일으켜 세워서
잊힌 마을 이름을 불러 보는
외촌리 내포리 사요리 강산리
그런 지명 속에 사람들이 살아가는
그런 날을 만들어야 합니다

이 땅의 침묵이 길어지면 길어질수록
녹슨 철조망 침묵이 깊으면 깊을수록
침묵을 깨는 철마의 기적소리는 아득해지는데
우린 무얼 해야 하고 어떤 간절함을 품어야
철원역 침묵은 멈추는 겁니까?

화살 머리

침묵이 침묵을 짓누르는
화살 머리 고요함 속에서
영혼들이 깨어나네요

총을 움켜쥔 모습으로
적을 향해 엎드린 자세는
화살 머리 지켜낸다는 다짐도
죽어도 물러설 수 없는 다짐도
함께 묻혀 있었지요

수십 년 만에 세상으로 나온 용사는
누구네 집 귀한 아들이고
오빠고 형이고 동생인데
지금은 이름도 나이도 고향도
알 수 없는 무명용사지요

죽음 그 속에서도
총을 놓지 않았는데
죽음으로 싸운 조국은
아직 분단의 땅으로
철조망이 있는 땅이지요.

구 철원 거리에 서다

-사라진 도시

B-26
비행기 폭격으로
불바다 속에 갇혀서
산산이 부서져서 사라진 도시지요

헤아릴 수 없는 포탄이 쏟아지고
수십만의 초병들이 서로를 향해
겨누던 총구가 불을 뿜었던 도시지요

산천이 울고 있는 땅
울다 지쳐서 침묵만 깊어지는 도시
깊은 상처 아물지 못하는 도시는
곳곳에 부서진 건물들을 품고 있지만
남은 것은 이 도시에 흐르는 침묵이네요

이 도시에서 살던 사람들은
지금 어딜 가서 살고 있는지
한 도시가 통째로 사라지게 하는
전쟁은 누굴 위한 전쟁이었는지
수많은 사람이 살던 도시는
다시 사람들이 모이고
그곳에 건물들이 다시 생겨서

예전의 모습으로 돌아갈 수 있을까요

제 2 부

구 철원 거리에 서다 -지뢰밭

구 철원 거리에 서다

-지뢰밭

접근하지 말라는
푯말이 붙은 지뢰밭은
침묵을 밑거름으로
무성한 잡풀이 우거지고
아카시아가 정글처럼 자라 우거지고
아카시아 향기가 날리면서
향기 보이지 않게 위로처럼 번져서
코끝이 마음의 길이 향기가 넘치는구나
접근하지 말라는 경고문구는
섬뜩하면서 한 발짝이라도 디디면
폭발할 것 같은데 지뢰밭 속에
아카시아 꼭대기 까치집은
새끼들을 해마다 키워내고
들새들은 풀숲에서 둥지 틀어 새끼 치는
지뢰밭은 짐승들 맘껏 뛰어노는 천국이구나
이 보다 간섭받지 않고 맘껏 자유로운 곳이 없겠구나
구속받지 않고 마음대로 지껄일 수 있는 곳이 없겠구나
수십 종의 새들이 찾아와서 노래하고
만 가지 꽃이 철마다 바꿔가며 피고
바람도 향기로 부는 지뢰밭은
사람만 두려움의 지뢰 푯말이구나
날짐승 들짐승들은 이만한 천국이 없겠구나.

구 철원 거리에 서다
-지뢰밭 2

평화를 지키려는 장치가
위협하는 도구가 되어
보이지 않는 섬뜩함으로
우리 가슴속으로 밀려오는구나

같은 땅이지만 섬처럼
다른 세상으로 있는 지뢰밭은
삼각 모양의 빨간색으로
지뢰라는 푯말을 달고 있구나

비밀스러운 것을 감추는 것처럼
가시철조망으로 울타리치고
아카시아 울창하게 우거져 있구나

함부로 들어갈 수 없는 땅은
또 다른 분단이고 비무장지대가
구 철원 곳곳에 울창하게 있구나

모내기하는 논배미 옆에도 있고
철원역 주변에도 울창하게 있고
철원 시내 곳곳에 부서진 건물 속에도
지뢰가 평화롭게 위장해서 있구나

도시가 사라지도록 폭격한 땅에
이곳에 살던 사람들이 다 떠난 땅에
사라지지 않는 아픔들이 숨겨진 땅에
아카시아 숲으로 푸르게 있구나

구 철원 거리에 서다

-지뢰밭 4

구 철원 읍내
아카시아 우거진 지뢰밭에서
노랗게 쏟아지는 햇살에 뒤척이던
침묵이 폭발해서 퍼지는 향기는
보이지 않아도 아찔하게 밀려오네요

향기 넋 놓고 흡입하게 되고
가던 발길을 멈추게 하고
침묵의 향기 퍼지는 지뢰밭으로
수많은 눈길이 다가가고 있지요

침묵의 향기는 강도 건너고
우뚝 솟은 산도 단숨에 올라서는
발 빠름으로 민통선도 넘을 수 있어서
이 땅의 평화를 부르는 향기로
가지 못하는 곳 없지요

침묵의 향기는 보이지 않아도
느낄 수 있고 만질 수 없어도
온몸으로 느낄 수 있어서
아무 저항 없이
공기처럼 밀려오는

침묵의 향기 속으로
푹! 빠져들고 있네요

구 철원 거리에 서다

-지뢰밭 5

아카시아 숲은
깊은 침묵으로 우거지고
침묵은 철조망에 갇혀서
침묵은 무거움을 내려놓고 싶은 거다

팽팽함만 있는
지뢰밭에 들어서서
어쩔 줄 모르는 봄 햇살과
침묵은 지뢰밭을 벗어나고 싶은 거다

해가 거듭될수록
깊어만 가는 침묵에
일그러지는 표정 감당 못 해
침묵은 미소의 향기 보내고 싶은 거다

침묵을 폭발시켜
침묵의 무거움을 내려놓고
깃털의 몸짓으로 가벼워져서
침묵은 향기의 날개 펴고 싶은 거다.

구 철원 거리에 서다

-지평선

지평선을
향하던 철길
끊어져 있어도
달리는 꿈 꾸고 있지요

철원역을 출발해서
열차가 달리던 시절에는
이 땅의 사람들 꿈을 꾸게 해서
미지의 세계로 뻗어가는 곳이기도 했지요

철원평야 달리는 열차가
하늘과 땅이 맞닿은 지평선을 향해 달려가서
높은 창공을 향해 날개를 펴서
날아오르고 싶어지는 유혹이
황금물결로 펼쳐지는 철원평야지요

황금물결 일렁이는 지평선을 보면
깨끗함이 묻어날 것 같은 하늘을 보면
창공을 향해 달리는 꿈을 꾸게 되고
마음은 나래를 펴서 사랑하는 이들과
별 무리 있고 꽃무지개 피는 그곳으로
달려가고 싶은 간절함도 있고

끊어진 철길 이어서 달리던 시절로 돌아가서
끝없이 펼쳐진 동해를 가슴으로 품어보고 싶은데
지평선 너머로 갈 수 없는 우리는
끊어진 철길 위에 서 있지요

우린 언제 철원평야에
우렁찬 기적 소리 다시 울려 퍼지게 하고
원산을 향해 달리는 철길 위를 걸어가면서
지평선 위로 두둥실 떠 있는 흰 구름 사이로
두루미 하늘 가득 날아오르는 모습
지켜보는 날이 올까요

구 철원 거리에 서다

-부서진 금융조합

구 철원 거리에
아물지 못하는 아픔 있지요

폭격으로 부서진 그대로
속울음으로 견디고 있는
무너져 내린 건물 있지요

원래의 모습으로 돌아가지 못하는 아픔은
온몸으로 폭격을 맞아서 무너진 잔해물만
날카로운 파편으로 남아서 사방으로 흩어져 있고
흩어진 파편 사이사이로 아픔이 박혀 있어서
칠십 년 넘게 세상을 향해 울고 있지요

전쟁은 깊은 상처이고
회복이 없는 파괴고
아물지 못하는 아픔이고
영원히 후회하는 반성이고
수많은 목숨의 죽음이면서
처음의 모습으로 돌아가지 못하지요

주변 건물들도 다 사라지고
이곳에 살던 사람들도 떠난 칠십 년은

옛 철원으로 돌아가고 싶은 그리움이면서
아직 끝나지 않고 이어지는 전쟁이면서
이 땅에 사는 사람들의 고통인데
구 철원 거리에 전쟁은 언제 끝나고
이곳에 봄날은 언제 찾아오나요.

구 철원 거리에 서다

-두루미

침묵이 깊어지는
철원평야 한가운데
흰 눈이 보이는 논배미 가득
고고하고 신비롭고 귀하신
두루미 수천 마리가 군집하여
두-두 고개 들고 소리치고 있네

수천 마리 두루미 소리는
가슴으로 뱉어내는 저 소리는
하늘 향하는 저 소리는
웅장함으로 하늘 두들기면서
우리 가슴속도 웅장하게 채우네.

무슨 소리일까! 저 소리는
이 땅에서 들리는 소리지만
이 땅에서 나오는 소리가 아니라
수천 마리가 내는 저 소리는
이제 고통의 시간은 다하고
이 겨울이 지나고 봄이 오면
이 땅에 새로운 봄이 돋아서
변화의 땅 슬기로운 땅이 되어
이 땅이 하나로 이어진다는 기쁨에

수천 마리가 군집을 이룬 합창이면 좋겠네.

녹슨 철조망이 거둬지고
끊어진 철길은 이어져서
이 땅의 기운은 넘쳐흘러서
세상 방방곡곡으로
기운이 넘쳐흘러 갈 거라는 기쁨에
수천 마리 두루미가 모여
높은 하늘에 고하는 소리라고 믿고 싶네

두루미 수천 마리 군집은
쉽게 볼 수 없는 장면이면서
꼿꼿하게 고개 들고 하늘 향해
이 땅의 고통은 끝났다고
이 땅의 피눈물 한은 끝났으니
어려운 고통의 시간을 이겨낸
이 땅에 축복을 내리라는 몸짓이고
하늘에 고하는 축문이면 나는 좋겠네

두루미가 겨울을 나고
이곳을 떠나는 봄날에는
이 땅에도 푸른 봄날이 와서
우리의 간절함도 새싹으로 돋는
그런 봄날을 맞이하면 좋겠네.

구 철원 거리에 서다
-비무장지대

침묵과 긴장이 강물처럼 흐르는 곳이다
밤낮없이 북녘땅으로 총구가 향하는 곳이다
움직임만 두 눈 부릅뜨고 쫓는 곳이다
바람 끝에 적의 체취도 쫓는 곳이다
바스락거리는 소리에 초긴장하는 곳이다
나뭇가지 흔들림도 지켜봐야 하는 곳이다
눈과 귀는 북녘땅과 하늘을 향해 열린 곳이다
팔천만의 남북의 마음이 닿는 곳이다
철조망이 사라지길 간절함이 흐르는 곳이다
여기 침묵과 긴장이 강물처럼 흐른 곳이지만
비무장지대는 하나 되는 길 처음 시작하는 곳이다.

월정 역에 쓰러져 누운 철마여

기다린 세월 너무 많이 흘렀고
피눈물 흘린 세월도 깊어졌으니
이젠 일어나소서 일어나서
이 땅에 훈기를 불어 넣어야지요.

우리가 피눈물 흘린 세월이 얼마이고
우리가 가슴속에 한 맺힌 세월이 얼마이고
기다리고 기다리고 기다린 세월이 얼마이고
기다리면 언제 가는 쓰러진 철마가 일어나고
기다리면 막힌 세월 끊어진 철길도 이어져서
다시 이 땅에 봄날의 훈기가 찾아와서
하나로 이어지는 봄바람이 불 줄만 알았지요

이제 월정 역은 녹슨 세월만 남아서
침묵의 세월에 속은 시간 들만 남아서
간절함으로 기다리는 그날은
얼마큼의 세월을 더 기다리고
얼마큼을 더 아파하고 피눈물을 쏟아야
쓰러진 철마가 힘차게 일어나고
가시철조망이 거둬지는 날이 오는지요

쓰러져 일어나지 못하는 철마는

철길 달리던 기억마저 잊어버리지 않았는지
힘차게 원산을 향해 달려가서 바라보던
동해의 끝없는 수평선을 잊지는 않았는지
동해선 철길을 만나 연해주로 가던 기억도 잊은 것인지
시베리아 철도의 기억도 다 잊은 것은 아닌지
월정 역에 쓰러진 철마를 흔들어 깨워서
당장이라도 원산을 향해 달려가서
넓고 끝없는 동해를 만나고 싶어요.

휴전선

휴전선 가시철조망 사이로
고라니 멧돼지 사슴 오소리
같은 종끼리 철조망 넘지 못해
철조망 너머로 마주 보면서
걸어갔다 걸어오는 반복으로
철조망 넘어 이쪽저쪽은
풀 한 포기 없는 길이 생겼구나

얼굴 마주 보면서도
다가갈 수 없는 철조망 때문에
만질 수도 품어 안을 수 없는
한 맺힌 그리움의 평행의 길이
휴전선 철조망 사이로
끝없이 이어져 있구나

만나지 못하게 하는 철조망에
피눈물을 새기고 새겨도
수많은 발자국을 남겨도
만나지지 않는 철조망 사이로
그리움이 날마다 쌓이겠구나

이념의 뒤발에 채인

분단은 사람과 사람만
갈라놓은 것은 아니었구나.

남방 한계선

이렇게 조용한데
봄볕도 이렇게 따뜻한데
하늘은 높고 푸르고 평화로운데
이곳은 철조망 아래 있는 남방한계선
바람 산들산들 불어오는
이곳에도 민들레 꽃다지 피고
꽃들이 만발해 평화롭게 보여도
여기는 민간인은 갈 수 없는
민간인은 올 수 없는 남방한계선
초병의 눈빛은 반짝거리고 총부리
북쪽을 향해 날카롭게 있지만
민통선 이곳에도 숨 쉴 수 있고
말할 수 있고 웃을 수 있고
봄이면 냉이꽃 민들레 논두렁 따라
지천으로 피는 이곳은 지금은 고요하다
침묵과 평화가 흐르는 이곳에 봄이 깊어지면
남방한계선 아래까지 트랙터 엔진소리가
고요한 이 평화를 깨고 흔들 뿐이다.

구 철원 거리에 서다
-우리의 소원은

간절함에 간절함을 더해도
이루어지지 않는 우리 소원은
어떻게 해야 이루어지나요

말해주세요, 대답해 주세요
온 세상을 사랑한다, 사랑한다
목이 터지라고 외치면 이루어질까요

목이 터져서 피고름이 맺힌 소리로
사랑한다고 이 땅에 사람들을
이 땅의 모든 것들을 사랑한다고
그러면 우리의 소원을 이룰 수 있나요

무엇 때문이지요, 누구 때문이지요
사랑한다는 말로도 통하지 않으면
어떻게 해야 우리의 소원 이루어지나요

사랑한다고 말하면 포근해지고
사랑한다고 말하면 그리워지는데
그대에게만은, 그대에게만은
사랑한다고 말하면 눈물이 나요.

구 철원 거리에 서다

-노동당사2

노동당사
건물 벽에 남은
포탄 자국 속에도
새 둥지를 틀어
알을 낳고 품어서
알에서 새들이 나오면
꼬물거리는 고것들을 위해
먹이를 물어 나르는 모습은
경이롭고 아름답구나

사람을 죽이던
포탄 자국이 새를 품어서
창공으로 높이 날리는구나.

구 철원 거리에 서다

-금강산 가던 철둑

오덕리에 가면
금강산 가던 철둑길
무덤처럼 남아 있지요

철둑길은 다 헐려서
철원평야가 되었지만
조금이라도 남겨 둔 것은
금강산 가던 시절이 그리워서고
지금은 금강산에 가고 싶어서고
앞으로는 금강산 철길을 잇고 싶어서지요

아무 흔적이 없으면
금강산 가고 싶은 마음도 사라질까 봐
금강산에 대한 그리움도 없어질까 봐
흔적만 남은 철길로 달리던
기억마저 사라질까 봐
오덕리에 무덤처럼
철둑길을 남겨 두었지요.

오덕리 : 철원에 있는 마을 지명

구 철원 거리에 서다

-철조망

우린 누구를 위해
저 철조망 방치하는가

우린 누구의 눈치를 보며
저 철조망 거둬내지 못하는가

우린 누구의 감시 아래 있어
저 철조망 바라만 보고 있는가

우린 누구의 겁박을 받아서
저 철조망 그늘에 숨어 있는가

우린 누구의 허락을 받아야
저 철조망 거둬 낼 수 있는가

우린 스스로 철조망 거둬내지 못하고
하나 된 땅에서 살 수 없는가?

제 3 부

경의선 대륙을 달리다

금학산이여 아는가

가슴 시리게 북녘 하늘 바라보며
서릿발 같은 눈빛 지켜본 금학산이여
바람도 스치길 거부하는 철조망엔
번뜩이는 초병에 눈빛만 있어
산야마저 팽팽하게 마주 선 휴전선의 고요

하늘 한 자락 무너져 내릴 것 같아
구름도 조심스러운 이 침묵은 언제
이념의 깊은 뿌리 훌-훌 털어버리고
남쪽 사람 북쪽 사람 서로 어우러져
웃고 사는 날은 언제쯤 인지
금학산이여 아는가

철원평야 굽어보며
끊어진 반도의 허리 끌어안고
사라진 도시 가슴에 품어 안고
철마에 힘찬 기적 소리 듣고 싶은 금학산이여
저-너머 평강 땅 손에 잡힐 듯 보여도
굽이굽이 북녘땅 하나로 이어져 있어도
월정에서 멈춰야 하는 안타까움이
가슴 시리게 합니다

이젠 바다로 하늘로
천리만리 돌아 백두도 오르는데
두고 온 고향은 언제 갈 수 있는지
잃어버린 세월은 돌려받지는 못해도
부모 형제는 한 번만이라도 보고 싶은데
그날은 언제 인지
금학산은 아는가

계절은 가고 오고
꽃은 피고 지지만 계절이 바뀔 때마다
달라지는 몸뚱이 추스르지 못해
가슴에 고향 묻고 세상 등진 안타까움만 있어
언제 세상 떠날지 모르는 아픔들을 아는가
들풀 같은 목숨이야 세월 속에 묻힌다고 해도
이 강산 민족의 강물은 하나로 다시 흘러야 하지 않는가
막힌 가슴 터주는 부모 형제는 만나야 하지 않는가
팔십이 넘었을 누이가 앳된 모습으로만 그려지는
망향에 한을 풀어야 하지 않는가

북녘 하늘 바라보는 금학산이여
철조망 가시 장벽 걷어내는 그날이 오기만 하면
철원평야 달리는 철마에 기적소리 기운차고
이 강산 고을마다 만세 소리 울려 퍼져
개성에서 서울로, 광주로, 부산으로
월정에서 원산으로, 평양으로, 금강으로, 백두로
저-만주 연해주 우리나라 땅으로 이어진 세상

경원선에 몸을 실어 어딜 못 가겠나

하나 되는 그날이 오기만 하면

금학산 : 강원도 철원에 있는 산

우리의 상처

신비로운
산 능선 넘어
굽이굽이 이 땅이 이어지듯이
집마다 이어져서 동네가 되고
사람마다 이어져서 말이 이어지고
세상을 이루고 사랑을 이루고
저마다 일가를 이루는
이 땅의 사람들이여
우리는 칠십 년을 가슴앓이해도
풀어내지 못한 피맺힌 사연 안고 살아가고 있지요

수많은 세월이 흘러도 아물지 못하는 상처
세상살이 좋아져서 살만해져도 풀지 못하는 상처
마을마다 높은 건물들이 올라가고
북적거리며 사람들이 몰려와도
풀어내지 못하는 상처
돈밖에 모르는 세상이 돼서
보이는 것은 모두가 돈으로
계산이 되도 해결할 수 없는 상처
온 나라 땅값이 수십 배 올라도
해결되지 않는 상처 우리는 언제까지
이 상처를 아물지 않는 상처를

피 맺힌 그리움으로 갈기갈기 찢긴 채 살아야 하나요

우리가 무슨 죄가 있어
멈추지 않는 피눈물 아물지 않는 상처로
감당할 수 없게 밀려오는 아픔들을
이 악물고 참고 참아 견디는 세월로
지금을 살아가야 하나요

수많은 세월 앞에 큰 강줄기도 물길이 바뀌는데
우리는 칠십 년의 세월을 견디며 살아왔는데
변하는 게 새로운 게 하나도 없이
높아진 것은 녹슨 가시철조망이요
단단해지는 것은 저 휴전선 철조망이 있는 장소고
변하지 않는 것은 우리 피눈물 흘리는
한 맺힌 그리움 이것밖에 없네요

누굴 붙들고 얘기를 하고
원망하고 욕이라도 퍼부어야
피 맺힌 가슴 가슴들이 전해지고
전해져서 조금이라도 알아줄까요

이제 만나고 싶어요, 부모 형제
이제 가고 싶어요, 그리운 고향
칠십 년 넘게 피 울음으로 살아왔는데
우리는 언제까지 피 울음으로
피 토하는 세월로 살아야 하나요

부모 형제가 있는데
칠십 년을 만나지 못해
이제 얼굴도 그려낼 수 없다면
이 잔인한 세월을 무어라
이 그리움에 세월을 무어라
말할 수 있겠어요

우리는 누구 때문에
피눈물을 흘려야 하는지
반토막 이 땅이 누구 때문인지
휴전선 저 철조망이 누구 때문인지
이젠 우리가 피눈물을 거두고
저 녹슨 철조망을 거두고
원망도 그리움도 넘어서는
이 땅 하나로 이어야지요.

나혜석 파리에 가다

백여 년 전에는 가능했던
경성에서 베를린 파리로 가는 기찻길은
송기정 나혜석이 가던 철길이었고
꿈을 위해 독립을 위해 달리던 철길이었지요

아득한 이국의 길은
끝없는 광야와 사방으로 펼쳐진 지평선과
시베리아횡단 철길과 이어지고
우리와 대륙이 하나 되는 철길이지요

더 큰 세상을 품기 위한 길이고
파리로 가는 길이고 올림픽을 위해 가는 길이고
꿈을 펼치기 위해서 경성에서 평양 하얼빈
시베리아횡단 철길을 달리던 나혜석은
광활한 지평선을 보면서 무슨 생각을 했을까요

붓으로 담아내는 영혼의 세계는
화폭에 펼쳐지는 세상을 더 깊게 그려내기 위해
담아내지 못하는 세계를 담아내기 위해서
손에 닿지 않고 잡히지 않는 그런 세상을 위해서
파리로 달려가는 마음 어땠을까요

한 번도 가보지 못했던 유럽의 파리
그곳에서 보고 듣고 몸으로 받아들인 예술혼을
고국으로 돌아와서 펼친 작품마다 새로운 세상을 열러
최초의 서양화가로, 문필가로 남존여비의 부당함을
세상을 향해 목소리 높였던 나혜석이지요

똑같은 사람으로 살고 싶어서
차별받지 않는 사람으로 살고 싶어서
이 땅에서 여자로 태어난 것이 죄가 되지 않기 위해서
남자도 여자도 소중한 사람임을 알리고 싶어서
이 땅의 사람들에게 목소리 낸 나혜석이지요

그림과 글쓰기 창작의 세계에서 행복한 나혜석은
너무 시대를 앞서간 죄로 이 땅에 여자로 태어난 죄로
남성 중심의 부당함과 맞서 싸운 죄로 소외되고
따돌림당하면서 크고 깊었던 화려함은 퇴색되고
세상으로부터 버림받아 파리에서부터 행려병자로
쓸쓸하게 죽어간 나혜석이지요

생애 가장 행복했던 파리의 나혜석은
살아가면서 늘 그리워했던 곳도 파리이고
언제 가는 다시 가고 싶은 곳도 파리이고
그곳에서 불꽃 같은 예술혼을 태우다
사라지는 죽음도 생각했던 나혜석이지요

언제나 앞서가는 최초의 길을 걷는 여류 화가이고

부당함에는 칼끝 같은 글로 얘기하는 작가이면서
이 땅의 여자로 철길을 따라 최초로 백여 년 전에
파리에서 꿈을 펼치는 공부를 한 나혜석이었는데
지금은 철조망에 막혀 나혜석이 가던 철길은 멈추고
칠십 년이 넘도록 녹슨 철조망으로 막힌 이 땅은
나혜석이 파리를 향했던 그 철길이 그립습니다.

경의선 대륙을 달리다

허리 잘린 이 땅이
영원히 풀리지 않을 것 같은
분단의 철벽을 넘어서
우리의 소원을 이루어냈지요

남북이 하나로 이어져서
경의선 타고 만주로 향하는 열차 속에서
핸드폰이 터지고 인터넷이 열리고
우리 말이 통하고 한글 간판이 보이는
단둥시에서 바라보는 세상은
왜 이렇게 가슴이 뛰는지요

이것이 얼마 만인가요
우리가 열차에 몸을 싣고
서울에서 평양을 거쳐 신의주
압록강 건너 만주 땅 단둥을 거쳐서
중국으로 건너가는 게 얼마 만인가요

쪽발이들 때문에 쫓겨서 오던 땅을
이름 없이 죽어간 수많은 목숨이 묻힌 땅을
지금도 억울해서 구천을 떠도는 영혼들이 있는 땅을
백 년의 한이 묻힌 이 땅을

오천 년의 핏줄을 이어오던 이 땅을
불구 같은 고질병 분단을 극복하고
우리는 온전하게 하나 되어서
자유롭게 올 수 있는 게 얼마 만인가요

이 순간이 영원하도록
이 순간이 멈추지 않도록
이어지고 이어져서 우리가 상상하는 대로
긴 서러움을 딛고선 지금부터 우리는
이 지구에서 가장 잘나가고
가장 뛰어난 강력함으로
누구도 함부로 하지 못하는 위치에서
이제 영원히 함께 살아가는 거지요

우리가 품고 있는 영토는
말이 통하고 글이 통하고 사이버로 통하는 지역이기에
우리의 국경선은 정해지지 않아서
우리의 발걸음이 닿는 곳이 영토고
우리의 눈길이 닿는 곳이 영토여서
갈 수 있고 누릴 수 있는 곳이 다 우리 땅이지요

이제 고구려 고조선 얘기 안 해도 되는
국력과 영토와 인구를 갖춘 우리는
지금까지 누려 보지 못한 영토와
지금까지 해보지 못한 영향력으로
우리는 세상을 지배하고 호령하고

대한민국이라는 코리아라는 국호를
앞으로 더 높게 더 넓게 더 크게
퍼지고 퍼트려서 지구상에 코리아로
세상천지에 코리아로 물들어가지요

앞으로 우리는 더 크게 사랑해서
더 넓게 바라보고 품어내는 세상은
보다 낳고 빛나는 세상은
우리말이 다 통하는 세상으로
우리가 만들어 가야지요.

목포에서 대륙을 꿈꾸다

목포의 눈물이 있고
유달산이 있고
삼학이 떠 있는 바다
아기자기한 섬들이 모여
꿈을 꾸는 바다

파도 거칠게 출렁일수록
시퍼런 바다에 웅크린 목포의 꿈을
남도 끝에서 머문 꿈을 펼쳐보고 싶어서
간절함으로 세상 넓게 품어보고 싶어서
남도 끝에서 꿈틀거리는 웅비의 날개 펴 들고
목포에서 시작해서 아름다운 서해를 품어내면서
서해의 넓고 넓은 평야들을 받아들이면서
북쪽으로 달리는 열차 길을 그려봅니다

평택 인천 해주 평양 신의주로 향하는
철길이 생기면 목포의 꿈이 우리의 꿈이 이루어지고
이 땅의 허리에 있는 분단의 철조망도 거둬내서
한 맺힌 서러움 다 털어버리는 날이 될 겁니다

평양을 거쳐 신의주에서
달려가는 열차 대륙을 품어낼수록

익숙한 풍경들을 가슴에 담아낼수록
눈에 보이는 땅들이 우리 것만 같아지고
철길 닿는 곳마다 목포의 꿈이 이루어질 겁니다

끝없는 땅 조상들의 말발굽 울려 퍼지던 땅에
광개토태왕의 뻗어가는 꿈을 펼치던 땅 위에
열차길 자유로워지면 사람들이 오가며 섞이는 말들로
눈에 보이는 광활한 땅에 국경선은 이정표 정도로
익숙하고 정겨운 길 안내판일 뿐입니다

남도 끝머리에서 뒤척이는 꿈을 위해
밀려오는 산더미 같은 거친 파도로
우리의 꿈을 막는 장애물 다 밀어내고
철길로, 북쪽으로 뻗어가는 꿈
뻗어가서 대륙에 이어지는 꿈
이어져서 대륙을 품어보는 꿈
품어내서 우리 것으로 만드는 꿈
고구려 적에도 이루지 못했던 꿈을
지금 우리가 이루어 내고 싶습니다.

단둥에서 목포를 꿈꾸다

아침햇살에 압록강
물안개 피어오르면
물안개 뚫고 단둥에서
압록강 건너는 열차는
대륙의 끝없음을 이끌고
목포에 닿고 싶은 단둥
신의주의 꿈을 싣고 갑니다

가을 들녘의 황금물결 일렁이는
눈부심을 바라보면서 달리는 열차는
용천평야 박천평야 평양평야 연백평야
가슴 트이는 시원함을 이끌고
일렁이는 황금물결을 이끌고
높고 맑은 청명한 하늘을 이끌고
보이는 산마다 단풍 붉게 물들이면서
서해로 이어진 평야 끝없음을 바라보면서
그리운 남쪽 바다 갈매기 나는 목포로 갑니다

신의주에서 목포 가는 길은
열차길 가는 곳마다 황금물결이 일렁거려야 하고
열차가 닿는 곳마다 뿌듯함도 일렁거려야 하고
설렘도 흐뭇함도 넉넉함도 일렁거려야 하고

번지는 미소도 착해지는 마음도 일렁거려야 합니다

새로움과 설렘이 일렁거리는
신의주에서 평양 개성 광주 목포 가는 길은
개성에서 내려 원산을 거쳐 금강산 가는 사람들
금발 머리 사람들 서울 가는 사람들
터번 쓴 사람들 동남아 프랑스 사람들
여러 나라 사람이 타고 온 열차가
거둬진 철조망 넘어설 때는
너무 오래 금단의 땅으로 묶인 세월이
녹아내려 기쁨으로 달리는 열차입니다

대륙의 끝없음을 몰고 온 열차는
황금물결 일렁거림도 몰고 와서
철조망 거둬 하나 된 기쁨도 몰고 와서
김포 호남 나주평야에 내려놓으면
춤추는 황금바다 같은 들녘이 되고
단둥의 꿈은 여물어 신의주에서 목포까지
기쁨의 파도는 끝없이 넘쳐날 거고
목포에 닿은 단둥의 꿈은 이루어지는 겁니다.

중국횡단 철길

우리의 간절한 소망은
이 땅의 철조망 거둬내서
서로 돕고 어우러지며 살아가는 나날 속에
우리가 늘 꿈꾸던 시베리아횡단 열차를 타고
모스크바를 거쳐 베를린 파리 런던
네덜란드까지 들러보고 오는 거지요

모스크바에서 들러보는 붉은 광장
크렘린궁전, 성 바실리 성당,
베를린에 도착하면 부란덴부루크문.
티어 가르텐 공원, 베를린 필하모니 음악당
파리로 넘어가서는 에펠탑, 루브르 박물관
노트르담 성당, 오르세 미술관, 개선문.
런던에서는 런던 타워, 내셔널 갤러리
타워브리지, 빅토리아 엘버트 박물관
네덜란드의 암스테르담에서 보는
성마틴 성당, 위트레흐트 운하, 드하르성
유럽을 들러보고 돌아오는 길은 철의 실크로드
중국횡단 철길로 돌아오는 거지요

중국 땅에 들어서면 역사의 관광지를
하나하나 꼽아 보면서 가장 보고 싶었던

진시황릉의 병마 총 장릉, 자금성, 만리장성
수많은 중국 역사의 흔적들을 보면서
중국횡단 철길로 신의주를 거쳐
철조망 거둬낸 한반도로 돌아오는 것이
우리의 간절한 소망이지요

그런 세상이 오면 평화의 바람은 불어올 것이고
중국횡단 철길은 너무나 익숙한 철길이 되면서
중국은 물론 유럽으로 가는 길은 다양해지고
우리의 생각 우리의 포부도 커지고 다양해져서
대한민국이라는 호칭은 코리아라는 호칭은
세상 속으로 퍼져서 코리아 사람이라고 말하면
반갑게 맞이하는 세상 사람들이 되겠지요

철길 하나로 중국은 우리나라처럼 쉽게 다닐 수 있고
그들도 쉽게 찾아올 수 있는
이웃으로 가깝게 지낼 수 있고
철길은 중국횡단 철길 만주 횡단 철길 몽골횡단 철길이
연결된 모든 세상 사람과 이웃으로 지낼 수 있는
철길이 되기에 우리는 하루빨리 우리가 갈 수 없는
북녘땅으로 철길을 이어서 대륙으로 뻗어가는
대륙으로 이어지는 간절한 꿈을 이루어야지요.

안중근 일본을 쏘다

이토 히로부미가 탄 열차가
하얼빈역에 도착해서
백발의 늙은 모습으로 내리고
사열을 받기 위해 측근들 속에 묻혀
이토 히로부미 발걸음이 하얼빈역을 걸을 때
안중근 의사는 군중을 헤치고 품에서
꺼내든 권총이 폭발하면서
이토의 가슴속에 박혀 절명시켰습니다

철 천지 민족의 원수 이 땅의 원수
만백성을 함부로 하고 국권을 빼앗은 죄
황제를 쫓아내고 군대를 강제로 해산시킨 죄
한국인이 일본인의 보호를 받고자
한다고 세계에 거짓말을 퍼트린 죄로
이토 히로부미를 저격하고 일본을 쓰러트리고
만세 대한독립 만세, 품에서 꺼내든 태극기는
하얼빈 하늘을 흔들고 세상을 흔들어
동양 평화를 위해 한목숨 던진
거룩함이고 위대한 결단입니다

나라는 위태롭고 만백성은 어려움에 있어
국권 회복을 위해 총성으로 이토의 숨통을 끊었지만

이 땅의 국권은 회복되지 못한 채
이국의 땅에서 사형으로 숨을 거두고
이국의 땅에 묻혀 백 년이 넘게 흘러도
찾지 못하는 안중근 의사의 유해는
뤼순 감옥 뒷산 어디에 묻혔는지
조국의 품으로 돌아오지 못하고
만백성을 가슴에 품은 안중근 의사는
천국에서 국권 회복의 간절함으로
두 손 모은 기도를 하고 있을 겁니다

어려움 극복하고 국권이 회복되면
먼 훗날 이토를 쓰러트린 것처럼
일본을 쓰러트릴 수 있는 기개를 키워
강국으로 일어서는 그날을 위해 목숨 바친
안중근 의사의 뜻을 받들어 우리는
반드시 일본을 딛고 일어서야 하는데
지금의 이 땅은 분단된 땅입니다

조국을 위해 목숨 바쳤어도
이 땅이 원하지 않는 분단 된 조국은
녹슨 철조망이 가로 놓인 조국은
지금도 깊은 침묵으로 있는 조국은
하늘에서 지켜보는 심정 어떠실지
천국에 가서도 조국 독립을 위해서
힘쓰겠다는 다짐의 유언 받들지 못한 우리는
남북이 하나로 이어지는 그날을

우리가 우리끼리 이루어야 합니다

이제 우리는 침묵의 철조망 흔들어 깨워
가시철조망 거둬내서 하나로 이어진 조국
철길이 중국 러시아로 이어진 모습이어야
어디에 묻혔는지 알 수 없는 유해가 나타나서
하나로 이어진 조국 품으로 돌아올 겁니다.

경의선 평양을 꿈꾸다

시퍼렇게 흘러가는
임진강 푸른 물길을 건너면
더 이상 갈 수 없는 도라산역

기다리는 세월은 오지 않아
이 땅의 사람들 시린 가슴이
철조망에 찢기고 엉킨 핏빛 세월이
한 발짝도 디딜 수 없는 세월이
침묵이 걷어지길 바라는 간절한 세월이
아득하게 흘러간 세월이 얼마인가요

세월은 멈추지 않고 흘러갔어도
칠십 년 넘는 세월이 흘러갔어도
침묵으로 끊긴 경의선 북녘 철길
이제 침묵의 철길을 흔들어 깨워
녹슨 가시철조망 거둬내서
북녘땅을 달리고 싶은 거지요

철길 따라 함께 달려가는 봄소식도
따뜻하게 북녘땅으로 물들어 가는데
해마다 찾아오는 봄은 남과 북의 경계 없이
양지쪽부터 어린싹을 틔워 물들이고

산과 들로 색색의 꽃들을 피우게 해서
똑같이 봄소식 전해 주는데
우리의 봄은 언제 와서
이 땅의 봄은 언제쯤 와서
우리는 경의선 철길을 달려 보나요

달려가서 대동강이 흐르는 평양에 가고
중국 땅을 바라보는 신의주에서
압록강 물로 얼굴을 씻어 보는 날
칠십 년 넘는 묵은 서러움 씻어 내는 날
그리움으로 얼룩진 가슴을 씻어 내리는 날
어서 오라 지금 여기 도라산역으로
봄소식처럼 오라 햇살 노랗게 쏟아지면서
함박꽃 피듯 오라 그러면 우리는
경의선에 몸을 실어 봄소식처럼
평양을 향해 달려갈 수 있겠지요

홍범도 장군이 돌아오시다

일본에 맞서
싸우기 위하여
동에 번쩍 서에 번쩍
신출귀몰한 전설의 장군께서
이국땅에 서럽게 잠들어 있다
이제야 고국 땅에 돌아오셨습니다

빼앗긴 조국 산천을 찾겠다는 일념으로
수많은 진공 작전을 승리로 이끌고
봉오동 전투 청산리 전투를 승리로 이끌고
평생을 조국 광복의 그날을 위해서
풍찬노숙으로 평생을 헌신하셨음에도
광복의 그날을 보지 못하고
낯선 이국땅에서 눈감으셨습니다

눈 감으신 지 팔십 년이 흘러갔어도
그리워도 갈 수 없었던 조국 땅에
피눈물을 흘려도 갈 수 없었던
조국 땅에 이제야 돌아오셨습니다

장군이 돌아오는 길은
한인들이 강제로 끌려갔던 길

끌려가서 버려졌던 길
한 많았던 그 길을 따라서
피눈물을 거두는 발길이 되어
카자흐스탄에서 시베리아 횡단 철길로
블라디보스토크로 돌아서 연해주를 거쳐서
고향 땅도 가보고 평양도 가보고
철조망 거둬내서 하나로 이어진
조국 땅으로 돌아오는 귀환이면
이 땅의 사는 만백성은 흐뭇했을 거고
더 빛나는 귀환이 되었을 겁니다

꿈에도 그리웠던 조국은
이제 강대국들과 어깨를 나란히 하면서
세상 사람들의 입에 부러움의 땅으로
가보고 싶은 나라로 함부로 할 수 없는 나라로
커지고 든든한 나라가 되어서
세상 사람들은 우리의 손짓 몸짓 미소
노래까지 따라 하는 그런 나라가 되어서
세상 사람들이 부러워하는 나라가 되었습니다

우리가 사는 대한민국은
아직은 분단으로 남아 있는 땅이면서
그리움에 피눈물로 얼룩진 땅이라
이 땅의 진정한 광복을 위해서
이 땅이 온전한 하나가 되기 위해서
철조망 거둬내는 그날까지

철길이 이어지는 그날까지
이 땅 굽어살펴 주소서

만주 횡단 철길

하얼빈 장춘 선양 텐진
베이징까지 운행하는 철길이면서
블라디보스토크에서 장춘 하얼빈
시베리아횡단 철길로 이어지지요

한때는 이 땅에서
러시아 중국 만주 벌판을
우리 땅으로 이어진 철길을 따라
가슴 뜨겁게 광야를 달릴 수 있었지요

지금은 철조망에 막혀 달릴 수 없는 땅이지만
만주 횡단 철길 따라 곳곳에 전해지는
우리의 한 맺힌 땅이면서
희망을 찾아 달리던 철길이면서
조국에 목숨 걸고 빼앗긴 나라 찾겠다는
이 땅에 사람들의 혼이 머무는 땅이면서
만주 벌판을 호령하던 고구려 사내들
말 달리며 영토를 넓히던 땅 이였지요

발해의 첫 수도 동모산이 있고
백두산에서 아우르며 바라보는
만주의 끝없는 광활함은 우리의 꿈이 물든 곳이고

앞으로도 우리의 바람들이 곳곳에서
만주 횡단 철길을 따라 이루어지고
이 철길 따라 우리가 해야 할 일은
시베리아횡단 철길로 이어지는
러시아 유럽 파리 런던 베를린 그곳에
만주 벌판 울려 퍼지던 말발굽 새기면서
우리의 말 우리의 입김 우리의 손짓 우리의 미소가
이 세상을 살아가는 본보기가 되고
우리의 행동을 따라 오는 세상이 되게끔
가슴 뜨겁게 목소리 높여야지요

시베리아횡단 철길이
만주 횡단 철길이 중국횡단 철길이
남북이 하나 된 우리 땅으로 이어져서
유럽이 러시아가 동남아가 오고 중앙아시아
세상 사람들이 이 땅을 찾아오는
만주 횡단 철길이 되면서
세상 사람들 가슴속에 깊게 새겨지는
우리의 바람들은 만주 횡단 철길로
이루어지는 날 오겠지요

그런 날이 오기 위해서는
만주 횡단 철길이 이어지기 위해서는
남북이 하나로 이어져야 하고
녹슨 철조망 거둬내야 하고
끊어진 철길이어야겠지요.

우리는 언제쯤

우리는 언제쯤
배낭 하나 달랑 메고
서울에서 철길을 따라 평양에 가고
백두산에 가고 원산에 가고 신의주에 가고
중국 땅을 따라 곳곳으로 연결된
중국횡단 철길 만주 횡단 철길
훈춘에서 북경까지 하얼빈에서 상하이까지
상하이에서 이르쿠츠크까지 달려서
시베리아 횡단 철길을 달려 보나요

우리는 언제쯤
우리 땅으로 연결된 철길을 따라
늘 있었던 것처럼 서울에서 경의선 철길로
평양을 거쳐 신의주 단둥을 달려서
선양 장춘 하얼빈 만저우리 카링스키아
용산에서 출발하는 경원선으로 원산 함흥 나진으로
달려 블라디보스토크에서 타는 시베리아 횡단 철길은
세상에서 가장 넓은 땅을 달리는 철길로
세상에서 가장 긴 철길이 놓인 땅을 달리며
모스크바 베를린 런던 파리 유럽 곳곳을 누비며
세상 구경하는 날 언제쯤 될까요

우리는 언제쯤
우리 땅에 있는 철길이
시베리아 횡단 철길로 연결해서
러시아 서쪽으로 유럽을 연결하고
동쪽으로 몽골 중국을 연결하고
남쪽으로는 우즈베키스탄 카자흐스탄
키르기스스탄 중앙아시아도 연결되고
중앙아시아 밑으로는 인도 베트남 인도네시아
동남아를 포함해서 지구촌 삼십 프로를 차지하는
유라시아 대륙의 국가들을 연결해 주는
철길을 우리는 언제쯤 연결될까요

터키 이란 중동 아시아
국가들도 연결할 수 있는
이 거대한 철도망을 우리는 언제쯤
우리의 철길과 이어서
수많은 나라들이 자랑하는 빛나는 유적과
그곳에서 사는 사람들을 자유롭게 만나고
그곳에 있는 풍경들과 명소들을 찾아가고
만나볼 수 있는 날은 언제쯤 될까요

철길로 연결된 나라들은
유럽이든 동남아든 우리 땅으로 연결된
벗이고 서로 의지할 수 있는 형제들이라
배낭 하나 달랑 메고 언제나 나설 수 있는
가볍게 나설 수 있는 그런 날 언제쯤 될까요

휴전선 가시철조망 저것만 거둬지면
더 크게 더 멀리 더 넓게 끝없이 달려가서
한반도에서 시작하는 철길은 지구촌을 누비며
우리는 세상 사람들과 하나 되는 날 언제쯤일까요

-철도청 홍보물 부분 인용

금강산 가는 길

철원 역에서
금강산 가는 철길로 갈아탄
설렘이 가슴 시원하게 달리는구나

가자! 철마야
아름다운 산야
가슴으로 품어 안고
가자! 어서 가자 금강산으로
금강산 일만 이천 봉 만나러 가자
눈부신 천상의 모습을 이 땅에 가지고 와서
천상의 세계가 펼쳐진 눈부신 금강산
선녀들이 나들이 오는 금강산 가자구나

철조망으로 가로막혀 있어서
가지 못했던 설움도 같이 덜컹거리는
철길은 늘 설레는 들뜬 기분들이
오가는 곳이라 금강산 도착하기 전에
금강산 이야기로 열차 안은 시끌벅적하구나

만물상 비로봉 옥녀봉 관음연봉
집선동 채하동 사이로 흘러내리는
동석동 폭포가 즐비한 폭포 골도 가보고

한반도 최고의 거대한 암벽 군집 지형인
아찔한 절벽도 직접 눈으로 보고 싶구나

일출봉 월출봉 세존봉 지명도 많은 금강산
눈부신 경관 속에 절도 많아서 속세의 사람들이
부처님 뵀으면 싶어 유점사 건봉사 관음사 찾아오는
수많은 발길로 불국의 나라가 금강산이구나

한번 가면 돌아가고 싶지 않은 금강산
한번 보면 머물고 싶어지는 금강산
그래서 단발령이 생겨 영원히 금강산에
머물면서 세상 이치 깨친 스님이 많았구나

금강산 도착해서 산에 드니
신들이 빚은 경이로움에
산은 없고 눈부신 탄성만 있어
그 속에 스스로 바위가 되고 폭포가 되고
산봉우리가 되어 월출봉이 되고 비로봉이 되어
천상의 세계로 빠져든 설렘은
영원히 금강산이 되고 싶구나.

경원선 철길이 꿈꾸다

폭격으로
처참하게 찢긴
철마가 쓰러져 누운
이 땅에 살면서 우리는
우리의 의지와는 상관없이
슬픔의 장벽인 철조망을 마주 보며
이념으로 부딪치는 철조망을 사이에 두고
갈등하는 세월이 총부리 겨눈 세월이
간절함으로 통일을 염원하는 세월이
막연하게 기다린 세월이 얼마인가요

지금 경원선 종착역인 백마고지역은
새롭게 생겨서 열차가 날마다 다니고
철원 역 월정 역은 녹슨 선로만 남아있어
동서로 가로놓인 남방한계선, 휴전선 철조망은
변함없이 이 땅의 숨통을 조이고 있네요

철원 역에서 부는 바람은 더 적막하고
철원평야에서 부는 바람은 화약 냄새가 날 것 같은
민간인 출입 금지 지역인 철원 역 녹슨 선로에
돋은 풀잎은 칠십 년 넘게 멈춰버린 기적소리
그리워서 서울 향해 촉각을 세워 기다리는 것은

덜컹거리는 덜컹거리는 열차 바퀴 소리인데
경원선 철원 역은 깊은 적막함만 있어
평강을 향해 원산을 향하던 철길은
흔적조차 감춰버린 풀잎만 무성하지만
철조망에 막힌 세월도 무성한 침묵이네요

어떻게 해야 서울에서 달려온 열차가
백마고지역에서 멈추지 않고 철조망 넘어
평강 안변 통천 원산을 향해 달려갈 수 있고
어떻게 해야 철조망을 다 거둬내서
쓰러져 누운 녹슨 철마 일으켜 세워
그 옛날처럼 철원평야 달리던
그때로 돌아갈 수 있을까요

어떻게 해야 서울에서 달려온 열차가
금강산 가는 사람들을 철원 역에 내려놓고
원산을 향해 달려가서 동해의 바다 내음으로
함흥 청진 나진 하산 블라디보스토크를 향해
달려가는 날 우리는 맞이할 수 있을까요

동해 눈부신 수평선을 옆구리에 끼고
달리고 달리는 날이 오면 경원선 철길도
유라시아 시베리아횡단 철길을 만나고
그 옛날 고구려 발해 사람들이 말 달려
대륙을 품어 한민족의 꿈을 펼치던
만주 횡단 철길로 달리는 날 올까요.

축복

하늘이 내린 축복으로
남북이 하나로 이어지고
팔천만이 철조망을 거둬내면
우리는 지구촌에서 가장 빛나는
한반도가 되고 한반도의 꿈을
더 넓게 깊게 크게 펼치는 날 오는 거지요

철조망이 거둬지고
하나로 이어지는 소망이 이루어지면
가장 먼저 해야 할 일은 남북을 연결하는
끊어진 철길을 잇고 끊어졌던 우리 맘도 이어서
우리가 해보지 못했던 것들 평양에 가고
백두산을 묘향산을 금강산에 가고
우리 땅으로 연결된 길을 따라
압록강 끝에서 두만강 끝까지
제주에서 두만강 압록강까지
두 다리로 걷고 걸어 보는 거지요

부산에서 시작해서 한반도 지형을
한 바퀴 돌아보는 것도 해보고
동해에서 태백산맥을 넘어 서해로 가보고
전라도 경상도에서 시작해서 함경도 평안도

분단으로 해보지 못했던 팔도 여행도 해보고
중국횡단 철길 만주 횡단 철길
시베리아횡단 철길과 이어지면
북간도 서간도 중국 땅에 사는
동포들도 자유롭게 고국 땅을 찾아오고
우리는 중국횡단 철길 시베리아횡단 철길을   따라
철길로 갈 수 있는 곳마다 다 가보는 거지요

그런 날이 오면 말이 통하고 한 핏줄인
동포들이 사는 서간도 북간도는
미디어 사이버 세상 속에서
압록강 두만강 국경선이 저절로 이어지는
한 핏줄의 흐름을 막을 수 있을까요

자유롭게 다가서는 미디어 사이버 세상 속에서
국경선은 마음이 닿는 문화가 닿는 말이 통하는 지역이
국경선이 되고 나라가 정해지는 거 아닐까요

북간도 서간도 연해주 동포들이
한반도로 연결된 철길을 따라
평양에 가고 서울에 오고
광주 목포 부산 대구를 찾아오면
우리는 평양에 가고 원산 함흥 나진 신의주
간도 땅을 자유롭게 다닐 수 있는 그런 날이 오면
일본 것들에게 짓밟히기 이전에 온전한 한반도가 되면
이 땅의 진정한 해방이고 독립이고 축복이고

자주의 깃발을 치켜드는 날이 아닐까요

그러면 이 땅을 함부로 했던 것들
만만하게 쉽게 보는 것들 또 있을까요.

제 4 부

시베리아 횡단 철길

시베리아 횡단 철길/선물/대륙을 잇는 철길이 생기면/나진에서 부산을 꿈꾸다/부산에서 러시아 가는 열차가 생긴다면

베를린을 향해 달리다/동해선 하산을 꿈꾸다/부산에서 신의주를 연결하다/그런 날

경원선 동해를 품다/철원 역 다시 꿈을 꾸고 싶다/녹슨 철조망 앞에 서면 만주 땅이 생각나네요

원산에서 꾸는 꿈/월정 역에 철마 잔해물을 훔쳐 오다/금학산에서 바라보다

시베리아 횡단 철길

블라디보스토크에서
모스크바까지 구천 킬로가 넘는
지구촌에서 가장 긴 철길이지요

끝없는 광야에서 광야로 이어주는
시베리아횡단 철길은
가장 멀리 가는 철길이면서
며칠 낮과 밤을 평행선 철길로
유럽까지 갈 수 있는 철길은
설렘을 먹고 달리는 철길이지요

차창 밖으로 은빛 자작나무 숲이
무리 지어 열차의 속도를 이기지 못하고
속도를 거슬러 달리는 시베리아는
사방으로 펼쳐진 끝없는 광야의 아름다움이면서
꿈을 향해 달리는 시베리아 철길이지요

하늘 맞닿은 광활한 지평선이
숨이 막히게 펼쳐진 장엄하고 웅장한 이 광야는
가도 가도 끝없는 철길 위로 수많은 꿈이 달리고
광활한 땅 위에 펼쳐지고 달리는 꿈들은
이 땅에 사는 사람들 가슴속으로도 달리면서

이 철길로 생겨나고 뻗어간 도시가 얼마나 많고
이 철길로 수많은 사람이 의지하면서
꿈을 키우며 살아가는 시베리아횡단 철길은
러시아뿐만 아니라 주변 나라들도
의지하면서 시베리아횡단 철길과
같이 함께 살아가는 철길이지요

시베리아 철길의 심장 박동 소리 멈추지 않고
시베리아횡단 철길의 속도가 높아질수록
사람들의 환호성도 높아지고
꿈도 높아지고 커져서
시베리아횡단 철길이
우리 땅으로 이어지는 날이 오면
시베리아횡단 철길의 종착역은 부산이면서
우리의 꿈도 더 크게 넓게 달려갈 수 있겠지요

수많은 사람을 싣고
시베리아횡단 철길을 오고 가도
시베리아횡단 철길이 닿고 싶은 곳은
광야의 노을이 눈부신 아름다움도 아니고
숨이 멎게 아름다운 바이칼 호수도 아니고
모스크바도 베를린도 파리 런던 부산도 아닌
이 땅에 사는 모든 사람 가슴속이겠지요.

선물

철의 실크로드
중국 서쪽으로
뻗은 대동맥을 따라
넓고 넓음을 따라 우리의 꿈도
발길이 닿는 만큼 넓어져서
맘이 가는 만큼 커져서
중국 땅도 우리 품으로
들어오는 선물이지요

세상이 아무리 넓어도
러시아 중국 몽골 땅이
광야로 이어지는 평원이라 해도
끝없으므로 이어진 땅일지라도
우리가 맘먹으면 못 가는 곳 있나요

맘먹은 대로 세상을 빛나게 하는 우리는
이 땅에 모든 사람의 간절함인
철조망 거둬내는 날이 오면
그것은 하늘이 이 땅에 주는 선물이니
하늘이 이 땅을 빛나게 할 선물이니
철길로 이어져서 뻗어가는 꿈
세상 일궈내는 꿈 시작해야지요

시베리아횡단 철길 만주 횡단 철길
몽골횡단 철길 중국횡단 철길
세상으로 뻗어있는 수많은 철길과 이어져서
우리가 그곳으로 달려가는 날이 오면
광활한 시베리아 중국 몽골 거대한 땅덩어리와
하나로 이어져서 같이 숨 쉬고 함께 웃는 날이
오는 것도 하늘이 이 땅에 주는 선물이니
우리에게 주어지는 선물들은
우리가 이 땅에서 반만년 동안
세상 이치대로 살아왔기 때문 아닌가요

반만년 동안 남의 나라 침략한 적 없고
사람들은 함부로 대한 적 없고
선량함으로 하늘이 준 목숨 그대로 살아왔어도
수많은 침략을 당하고 빼앗기고 죽임을 당하면서도
우리는 더 슬기롭게 고비 고비 넘기며
독하게 살아남아도 긍정으로 세상을 바라보면서
참아낼 수 없는 피눈물을 견디는 굳건함 앞에
분단의 아픔으로 살아도 이겨내는 심성 앞에
하나로 이어지고 싶은 간절함 앞에
하늘이 이 땅에 주는 선물이니
우리는 그런 선물 받아야지요

우리가 하늘에 간절하게 원하는 게 더 있다면
서해는 떠올라 중국 땅과 이어지고
동해는 일본 것들 하는 짓마다 얄밉고

이 땅의 시련 시작을 안긴 작자들이니
일본 땅덩어리는 태평양 저 먼바다로
태평양 한가운데로 쫓아내서
반은 물에 잠기고 반은 남는
그런 날이 오게 하면
우리에게는 너무 좋은 선물인데
그런 날 맞이하는 날 없을까요

하늘이 이 땅에 주는 선물로요

대륙을 잇는 철길이 생기면

유라시아 철길이
두만강 역과 하산역을 잇고
부산에서 유라시아 달리는 철길이 완성돼서
목포에서 중국으로 달리는 철길을 이으면
한반도는 천지 사방으로 연결하는 철길이 구축돼서
동서를 잇는 원산 개성을 달리는 철길
부산에서 강릉 원산 나진 블라디보스토크
목포에서 시작해서 평양 신의주 단둥 베이징
한반도와 연결된 거대한 땅이
우리와 한 몸이 되는 거지요

이 땅에 평화의 날개 펴 들고
푸르고 높은 창공을 날기 위해
천지 사방으로 연결하는 철길을 따라
이 땅에 사람들이 세상 곳곳으로 뻗어가면
우리에게 어떤 변화된 모습이 다가올지
우리는 어떤 신바람 나는 세상이 될지
백두에서 한라까지 어떤 상상을 해도
한반도 우리 땅에 어떤 꿈을 그려도
다 이루어 낼 수 있겠지요

설레면서 벅차고 흐뭇한

이 땅에 평화가 정착돼서
녹슨 철조망을 거둬내면
부푼 희망이 창공 높이 차 올라
우리는 중국 러시아 유럽
지구촌에 있는 모든 나라는
코리아라는 지명 앞에
다들 설레는 꿈 꾸면서
우러러보는 날 오겠지요

지구촌 사람들은
이 땅에 오고 싶어 하고
사람들은 와서 머물고 싶어 하고
여기서 살고 싶어 하는 시작은
철조망 거둬진 하나 된 땅에서
자유롭게 만인의 사람들을 만나고
자유롭게 발길 닿는 대로 다닐 수 있는
철길이 유라시아 중국으로 연결되기만 하면
우리는 지구촌 곳곳을 누비면서
거대한 세상을 품어 꿈을 키우는
상상만 해도 이렇게 행복한데
우리 손끝에서 세상이 움직이고
우리의 생각대로 세상을 그려내면
그런 세상 그려내는 우리는
얼마나 아름답고 고마울까요.

나진에서 부산을 꿈꾸다

런던 파리 베를린
모스크바 유럽을 달려와서
이르쿠츠크 하바롭스크 블라디보스토크를
달리는 시베리아횡단 열차에서 사방으로
펼쳐진 끝없는 지평선을 바라보면서
신비로운 자작나무 숲을 간직하면서
광활함을 싣고 신비로움을 싣고 넉넉함도 싣고
러시아에서 한반도 나진에 도착하면
여기서 부산으로 가는 철길을 이어 보자고요

런던 파리에서 출발한 열차가
러시아의 시베리아횡단 철길을 건너
바이칼 호수를 옆구리에 끼고 달리는
꿈의 열차가 나진에서 부산으로 향하는
꿈같은 날이 온다면 우리는 대륙으로 이어진
철길을 가진 땅이 되는 거지요

부산에서 러시아 유럽에 갈 수 있는
철길 이으면 철길 따라 이 땅에 들어오는
러시아 영국, 프랑스 독일 유럽이 있고
철길로 이어진 중국 몽골도 있고
북녘 동포가 자유롭게 오가는 설렘도 있고

넓고 넓은 세상으로 이어진 뿌듯함도 있고
철길 따라 무수히 많은 이국의 사람들이
이 땅에 들어와서 부산까지 올 수 있겠지요

그렇게 되기만 하면
나진에서 부산으로 향하는 열차가
이 땅의 철길을 딛고 달려오면
우리의 간절함이 우리의 꿈의 길은
동해의 수평선을 가슴으로 품고
함흥 원산 강릉 부산으로 이어져서
생각의 크기 가슴속에 담기는
세상 바라보는 크기도 달라지겠지요

이 땅의 끝과 끝이 연결되면
새로움이 되고 꿈이 되고 설렘이 되고
시작과 시작이 연결되면 또 다른 시작이면서
우리의 발길이 닿는 만큼 마음이 가는 만큼
거침없이 꿈을 펼쳐나갈 수 있으니
부산에서 나진 가는 철길이 열리면
나진에서 부산 가는 철길이 이어지면
우리는 가장 넓은 세상과 이어지고
가장 넓은 세상을 품을 수 있고
세상에서 가장 멀리 가는
철길을 가진 땅이 되겠지요

그래서 나진은 부산을 그리워하고

나진으로 달려가는 날 기다리는 부산은
시베리아횡단 철길의 시작이면서
대륙을 달려온 열차 종착역이지요.

부산에서 러시아 가는 열차가 생긴다면

오륙도가 있는 남해의 바다 내음
소금기 있는 넓고 아름다운 바다 내음
갈매기 끼룩끼룩 나는 파도 소리도 담아서
가슴 트이는 끝없는 수평선을 새겨 담아서
기운차게 동해의 넓은 바다를 끼고 달립니다

태백의 우뚝 솟은 산맥을 따라 달리다 보면
철썩이는 거친 파도 소리와 소금기 먹은
거친 사투리도 담아서 항구마다 비릿하게 풍기는
사람 냄새도 담아서 쇳소리 나는
기운찬 기적 소리로 달려가면서
눈부신 설악산 아름다운 풍경도 빠짐없이 담아내고
금강산 일만 이천 봉 봉우리마다 전설이 묻어 있는
이야기도 정성으로 담아서 마음으로는
구룡폭포 만물상 금강의 풍경들을 짚어 봅니다

유점사에 들러 이 땅이 하나 되게 하심이
감사하다는 마음에 합장도 올리고
일만 이천 봉 봉우리마다 참고 기다려준
이 땅의 사람들 이름을 새겨 넣어서
모든 덕이 부처님 은덕이라는 합장도 다시 해서
열차 길이 금강산을 끼고 달리는 모습을

감사하고 감사함을 두 손 모아 봅니다

부산에서 출발해서
러시아로 가는 열차길
달리다 보면 명사십리 원산 함흥
청진 함경도 땅을 품어내면서
높고 거친 함경산맥을 따라
우리나라에서 가장 긴 철길을 달려
나진 선봉에 도착해서 바라보는 세상은
나진 선봉에서 바라보는 삼국의 국경선은
심장 뛰게 하는 이곳이 유일합니다

여기서 국경선을 넘으면 중국 러시아인데
심장 뛰는 이곳에서 가슴 설레는 이곳에서
국경선을 통과해서 달려가면 러시아
가슴 떨리는 그 순간을 보고 싶습니다

부산에서 출발해서 러시아 달리는 열차를......

베를린을 향해 달리다

어릴 적부터
세상에서 가장 빨리
달리는 이가 되고 싶어서
어금니 악물고 달리고 달려서
일본 메이지 신궁 마라톤 우승
풀 마라톤 대회, 조선 신궁 마라톤 우승
전 일본 마라톤 우승, 전 조선 마라톤 우승
최고의 세계 신기록으로 우승해서
전 세계의 건각들이 참가하는
베를린 올림픽에 참가할 수 있게 되었지요

경성에서 철길을 따라
평양 신의주 단둥 하얼빈
이르쿠츠크 시베리아횡단 열차로
보름에 걸쳐 올림픽이 열리는
베를린을 향해 달려갔지요

세상에서 가장 빠른 사람이 되기 위해서
가슴속에 응어리로 있는 울분을 달래기 위해서
가난하고 힘없는 나의 꿈을 펼쳐보고 싶어서
세상을 향해 소리치고 싶은 간절함이 있어서
나라 없는 서러움, 가난한 서러움을

이겨낼 수 있는 것은 달리는 것 끝없이 달려서
한 명도 앞질러 달리는 이 없을 때까지
세상에서 가장 빨리 달리는 그날까지
가슴이 터지도록 달리고 달리는 거지요

베를린 올림픽 마라톤 출발선에 섰을 때도
수많은 이국의 선수들과의 경쟁이
가슴 떨리면서 설레는 감정도 있었지만
국적이 우리나라가 아니라 일본인 것이
일장기 달고 일본을 대표해서 달리는 것이
부끄럽고 부끄러웠지만, 만국에 대한이라는
대한의 억울함과 코리아라는 나라를 알리고
대한독립과 일본의 악랄함을 알리기 위해 달렸지요

달리다 보니 앞에서 달리는 선수는 없고
비탈진 비스마르크 언덕길을 달릴 때는
이제 결승점이 얼마 남지 않았음을 알고
힘차게 메인 스타디움을 향해서
가장 빠른 기록을 위해 달려갔지요

결승선을 통과하고 나서야
해냈구나! 세상에서 가장 빠른 이로
앞질러 달리는 선수가 없는 이로
뿌듯함과 밀려오는 자랑스러움이
베를린 하늘 아래 우뚝 섰지만
시상대에 선 나는 절망 했지요

일장기가 올라가고 기미가요가 울려 퍼지면서
절망에 고개를 들 수가 없고 부끄러워서
이런 시상이라면 마라톤에 참여하지 않았다고
한없이 작아지고 작아져서 베를린 땅속으로
숨어 버리고 싶어서 시상으로 준 월계수 화분으로
가슴에 단 일장기를 가렸지요

올림픽이 끝나고 조국으로 돌아와서 보니
삼천리강산에 올림픽에서 우승한 소식이 전해져서
이 땅의 사람들은 대한독립의 간절함에 목말라 있어
나를 감금하고 감시하고 강제로 마라톤에서
은퇴시켜서 다시는 내 삶의 전부인
마라톤 달리기는 할 수가 없었지요

해방되어 마라톤 지도자로 나설 수 있었지만
이 땅은 둘로 나눈 분단의 철조망이 쳐진 땅이 되어
내 고향 신의주는 갈 수 없는 분단된 나라가 되어
허리 잘린 땅에 철길도 끊겨서 돌아갈 수 없는 고향
지금도 꿈속에서는 베를린 올림픽에 참가하기 위해
철길 따라 시베리아횡단 철길을 달리던 모습이 선한데
지금은 북녘땅에 있는 내 고향 신의주도 갈 수 없네요

내 살아서 분단의 철조망을 거둬내서
끊어진 이 땅의 철길을 이어서
서울에서 평양까지 아니 내 고향
신의주까지 두 다리로 뛰어가고 싶고

서울에서 출발하는 열차를 타고
평양을 거쳐 신의주 단둥 하얼빈
이루쿠츠크 시베리아횡단 철길로
베를린까지 다시 달려보고 싶네요.

동해선 하산을 꿈꾸다

우리의 기다림은
간절한 기다림은
만남이 약속되어야 하고
하나로 이어지는 철길이어야지요

북녘땅을 향해 뻗은 철길은
금강산 가는 철길이면서
원산 함흥 청진 가는 철길이면서
나진 블라디보스토크 가는 철길이면서
시베리아횡단 철길로 이어지고 싶은
바다가 있는 동해선 철길이지요

부산에서 힘차게 달려온 철길이
울산 포항 삼척 강릉 제진까지 달려와서
철조망에 가로막혀 갈 수 없는 철길은
칠십 년을 기다려온 세월로 늙고 낡아서
흔적조차 찾아보기 힘든 철길이 되고
지금은 침묵과 잡풀만 무성하네요

팔천만이 하나로이어야 한다는
외침이 커져서 부산에서 달려온 열차가
강릉 원산 청진 나진 하산으로 달려가는 날

아름다운 동해를 벗 삼아 부산에서 나진까지
나진을 넘어 블라디보스토크에서 시베리아횡단 철길로
유라시아 중앙아시아 동남아까지 가는 날이 오면
우리는 세상으로 연결된 철길로 고립을 넘어
중국과 러시아 시베리아 끝없는 땅과
하나로 연결되는 땅이 되는 거지요

하산 시베리아를 달리기 위해서는
함경선 북녘 철길을 달리기 위해서는
동족을 향한 총부리 내려놓아야 하고
우리 가슴에 있는 이념의 철조망도 거둬내서
동서로 가로놓인 녹슨 철조망을 거둬야 하는데
우린 그걸 못하고 침묵이 팽팽함으로 있는
휴전선 철조망에 질긴 희망을 날마다 걸지만
제진역 너머에서는 오늘도 아무 소식이 없네요

우리는 언제까지 철조망만 바라보면서
기다림에 시간을 속절없이 흘려보내야 하는지
기다림의 시간 마디마디에 박힌 간절함들은
피눈물이 새겨진 지울 수 없는 아픔이지만
그래도 언제가 될지 몰라도 기다리고 기다려서
동해선 철길로 덜컹거리는 철마 달려가는 거
남북이 하나로 이어져서 기쁨의 밝은 태양이
온 누리 비추는 거 지켜봐야지요.

부산에서 신의주를 연결하다

이 철길은 이 땅에 대동맥이고
이 철길이 부산에서 신의주 단둥으로
연결되는 것은 우리들의 간절함이고
이 땅의 목숨이고 역사 앞에 약속이고
반듯이 제자리를 찾아가는 순리이고
삼천리 금수강산이 벌떡 일어나 춤출 일이고
이 땅에 사람들도 기쁨에 더덩실
어깨춤 춰지는 일이지요

이 간절함은 이루어져야 하고
이 땅의 멈출 수 없는 소망이면서
철조망이 사라질 때까지 철길이 이어질 때까지
같은 말 같은 생각을 하는 우리는
녹슨 철조망을 함께 거둬내야지요

한반도의 끝과 끝이 연결되고
한반도 시작과 시작이 이어져서
다시 시작하는 이 땅의 바람을 안고
부산에서 신의주까지 달리는 날이 와야
우리의 시린 세월, 가슴 저리던 아픔들
굴곡진 무거운 세월을 다 지워내고
예전처럼 부산에서 신의주 가고

목포에서 나진 선봉 삼국의 국경선이 있는
두만강 끝자락에 갈 수 있는
그런 날이 오면 얼마나 좋을까요

이 철길이 열리면 서러웠던 것들
심한 갈등도 미움도 저주를 퍼붓던
그런 것들 다 벗어 던져 쪽발이에게 주고
우리는 남북이 하나로 이어진 온전한 땅에서
남북이 마주 잡은 손으로 분노의 대상인 쪽발이에게
용서할 수 없는 무거운 죄 다 용서해서
용서로 인해 치욕스러움에 스스로 무덤을 파서
죽음을 택하는 길을 열어줘야지요

부산에서 신의주를 향하는 날이 오면
우리는 어떤 기분이고 어떤 심정일지
떨리는 가슴으로 신의주 압록강에 도착해서
강 건너 광개토태왕이 꿈을 펼치던 땅도
품어보는 꿈도 가져봐야지요

부산과 신의주가 연결되면
새로운 꿈이고 설렘이 되는데
우리는 언제 간절함을 이룰 수 있나요.

그런 날

만인의 가슴을 훈훈하게 하는
봄바람이 언 가슴을 녹여서
연초록 잎을 돋게 하는 바람이 불어서
이 땅의 겨울 철벽 녹이는 봄은 오려는지요

언 강물 언 가슴도 풀리고 동토의 땅도 풀려서
막힌 철조망 거둬지고 철길이 열리는 그런 날
우리가 갈 수 없는 땅을 갈 수 있는 그런 날
남도 끝 목포에서 시작하는 호남선 철길이
경원선 철길로 달려갈 수 있는 그런 날
부산에서 나진 선봉으로 달리는 그런 날
목포에서 평양 신의주를 향해 달리는 그런 날
시베리아 철길로 이어지고 중국횡단 철길
만주 횡단 철길 몽골횡단 철길과 이어지는 그런 날
간절함이 이루어져서 삼천리 금수강산이
기쁨에 들썩여서 발광의 춤바람 나는 그런 날
간절한 그런 날 언제쯤 될까요

하늘만 쳐다보며 기다릴 수 없고
어둠이 있는 동토의 땅만 바라볼 수 없고
끊어진 녹슨 철길 바라만 볼 수 없고
이대로 높아지는 철벽 바라만 볼 수 없어

지금부터 우리는 녹슨 철조망은 사라져라
끊어진 철길은 이어지라는 주문을 외치면
간절히 바라는 그런 날 돌아올까요

생각만 해도 설레고 눈물이 나는 우리들의 간절함
목포에서 시작하는 철길이 경원선 철길을 달려
시베리아횡단 철길로 이어지는 그런 날
우리는 그런 날을 기쁨으로 맞이해야 하는데
간절히 바라는 그런 날 언제쯤 될까요

시베리아횡단 철길이
목포에서 시작하는 그런 날을 위해서
어둠을 걷어내고 동토의 땅을 녹이는
간절한 우리의 봄을 맞이하는 날이
오늘이 되었으면 하는 간절함으로
목포에서 유라시아 횡단 철길을 그려 보네요

경원선 동해를 품다

사람들이
경원선에 몸을 실어
원산에 갈 수 있다면
원산에서 바라보는 동해
수평선 위에서 두 팔 들어
오른손은 백두를 향하고
왼손은 한라를 향해서
한바탕 춤이라도 춰 보자고요

어깨 들썩이며 내 젓는 손길 따라
백두와 한라는 한 몸으로 이어지고
너울거리며 뻗는 손짓 따라
다시는 이 땅에 시린 세월은 없고
분단의 철조망도 없고
헤어진 이산의 아픔도 없고
하나로 이어진 땅에서
살고 싶은 춤 춰보자고요.

들썩이는 어깨춤
걸음마다 짚어내면
우리 발끝에 전해지는 소원은
분단의 철조망이 없는 세상에서

백두가 한라고 한라가 백두 되면
명사십리 바닷가 모래밭을
남북의 사람들이 걸어보고
원산 앞바다 맘껏 품어보는 거지요

철원 역 다시 꿈을 꾸고 싶다

금학산 고암산이 있고
지평선이 있는 철원평야가 있고
한반도 정중앙에 있어서
남쪽 북쪽 끝에서 바람이 일어
바람의 길을 따라 맞바람으로 만나는 곳이
철원평야 한가운데 있는 철조망이지요

입술 마르게 하는 긴장감이 흐르는 곳
긴장감을 먹고 흐르는 이곳 시간은 느리게 흘러서
분단을 극복하는 시간이 더디게 오는 것인지
칠십 년이 넘게 흘러갔어도 침묵이어서
백마고지 화살 머리 낙타 고지 아이스크림 고지
치열했던 전투에서 잠든 영혼들에
하나 되는 통일로 가는 길을 묻고 싶네요

강대국에 의해 분단돼서
저들 손바닥에 놓인 분단의 연속
저들 뜻대로 이어지고 깊어지는 철조망을
우리의 의지대로 철조망을 거둬내서
우리의 소원인 통일로 가는 길
이제 우리가 이어야지요

남방한계선 아래까지 농사짓는 봄이면
어린 모 논배미마다 푸르게 채워져서
물빛 논배미 은빛으로 반짝이는 철원평야 되고
가을이면 황금물결 일렁이는 철원평야 되어
겨울에는 흰 눈이 쌓인 지평선이 펼쳐져서
두루미 평화롭게 먹이 활동해도
언제 끝날지 모르는 분단의 철조망이지요

분단을 극복하고 자유롭게
남북으로 오가는 그런 날이 찾아와서
폭격으로 사라진 철원 역에 사람들이 모여들어
원산 가고 평양 가고 금강산 가는 날이 찾아와서
철원 역이 다시 꿈을 꾸는 도시가 되어
지구촌의 눈과 귀가 집중되는
그런 날 언제쯤 될까요.

고암산 : 궁예도성의 주산, 김일성 고지라고도 함

녹슨 철조망 앞에 서면 만주 땅이 생각나네요

우리는 이 땅에서
분단의 아픔으로 살지만
옛날 옛적엔 만주벌판 넘어
대륙을 호령한 우리였네

처음 하늘이 열리고
사람을 사람이 게 한 하늘의 땅
우리 삶을 꾸리는 약속의 땅
대대로 이어온 우리 땅이였네

지금도 우리 핏속에
대륙의 기질이 흘러
온 세상 품어 아우르는
너그러움이 흘러
우리는 늘 대륙을 향해
뻗어가는 꿈 돌아가는 꿈이
우리 피를 뜨겁게 하네

우리는 고구려 땅 단군의 땅 찾기 위해
대륙을 돌려받기 위해서는
이 땅의 숨통을 조이는 철조망 거둬내고
우리 가슴속 분단의 철조망도 거둬야

대륙을 돌려받는 꿈 이루는데
우리는 지금 무얼 하고 있는가

피눈물 나게 생존에 목숨 거는
이국의 치열함에 맞서
누구도 흉내 낼 수 없고
누구도 따라올 수 없는 지혜로
우리 삶의 성벽을 높여도 부족한 지금
허리 잘라 나눈 이 강토에서
우리끼리 갈등하는 어리석음은 무엇이고
방향 없이 우리는 어디로 가고 있는가

<u>스스로</u> 분단의 멍에
벗어던지지 못한 죄
끊어진 핏줄 잇지 못한 죄
녹슨 철조망 거둬내지 못한 죄 너무 커서
피눈물 쏟는 서러움 멈추지 않는가

어디에 있는지 모르게 흘러온 세월
이제 분단의 멍에 여기서 내려놓고
잃어버린 세월 강토 찾아서
만주 땅에 우리의 말과 얼을 심어
고구려 사내들 말발굽 소리 울려 퍼지도록
그 땅 돌려받아야 하질 않던가

백 년 후 자손들이

고구려적 이야기와
잃어버린 세월 땅 찾은
지금의 모습을 이야기하며
우리나라 지도를 대륙을 포함해서
이어 그리는 모습 볼 수 있는 그날을
지금 시작하고 만들어야 하질 않던가.

원산에서 꾸는 꿈

원산역에는 서울에서 온 사람들
개성으로 연결된 철길을 따라온 사람들
동해안 따라 부산에서 올라온 사람들
북쪽 끝머리 나진 선봉에서 온 사람들
대동강이 있는 평양에서 온 사람들이 모여
전국 사투리로 금강산을 구경하고
명사십리를 거닐어 보는 날이 올까요

동해의 넘실거리는 파도 소리 들으면서
경상도 아줌마 전라도 아저씨 충청도 사람
함경도 평안도 황해도 다 모여서
전국 사투리로 자랑거리 입방아 찧는
떠들썩하게 흥청거리는 팔도 잔치마당은
하나로 이어진 이 땅의 축제니까
어깨춤 절로 나는 꽹과리 장구 두들기면서
한바탕 놀아 보자는 말 언제쯤 할 수 있을까요

더덩실 어깨춤 추는 즐거움은 잠깐이지만
이제 철조망 거둬 이 땅이 하나로 이어져서
남쪽 끝머리 부산에서 나진 선봉으로 가는 철길
목포에서 신의주로 가는 철길 영원하도록
원산에서 개성으로 연결된 철길 멈추지 않도록

우리 악몽 같은 분단의 멍에 다시 짊어지지 말자고
다짐하는 말 우리 언제쯤 할 수 있을까요

월정 역에 철마 잔해물을 훔쳐 오다

우리 어렸을 때는
민통선 안으로 부모님 일손을
덜어주기 위해서 비포장 길을
자전거를 타고 들어가곤 했지요

아버지가 시키는 것만 마무리하면
주변에 널려있는 것들은 놀이터가 되고
말만 들었던 북녘땅도 보이고
철원평야 지평선도 아득하게 보였지요

민통선 남방한계선까지 가서
경계 근무하는 초병들과도 얘기하고
월정 역에서는 폭격으로 쓰러져 누운
열차의 잔해 물에 호기심이 생겼지요

고물값이 좋았던 그 시절에는 폭탄 파편이나
쇠붙이는 다 주워 다 팔아먹던 시절이라
부서진 열차 잔해 물 중에 뜯어올 수 있는 것은
몰래 뜯어다 자전거에 실은 꼴 단 속에 숨겨서
두근거리며 검문소를 통과해서 나오기도 했지요

열차 잔해 물을 고물상에 갔다 팔면

학용품값 군것질거리 돈이 되어서
아버지 일손 돕는다는 핑계로
월정 역에 수시로 들어가곤 했지요

나 혼자 열차 잔해 물을 뜯어 온 것은 아니지만
지금 월정 역에 누운 앙상한 철마를 보면
내 탓만 같아서 월정 역에 갈 때마다
정말 미안하고 몰래 가지고 나온 잔해 물을
돌려놓을 수만 있으면 제자리로 돌려놓고
쓰러져 누운 철마 일으키고 싶네요.

금학산에서 바라보다

저절로 눈길이 가는 북녘 하늘 아래
먼 산들이 손끝으로 잡힐 듯이 다가오는
산굽이 넘어 넘어가 얼마나 아름다운가

끝없이 이어져 출렁이는 능선의 파도
능선마다 신비로움으로 이어진 세상
더불어 살아가는 이 땅이 얼마나 벅찬가

가는 곳마다 사람들이 살아가는 이 땅은
대대로 살아와서 높고 낮은 산을 닮아
넉넉한 웃음으로 사는 모습 얼마나 흐뭇한가

사방으로 펼쳐진 삶의 터전 고단해도
골짜기마다 전설이 배어 있는 이 땅은
눈길로 보이는 곳마다 얼마나 눈부신가

사계절 서로를 의지하며 이 땅에 살아도
북녘 하늘만 바라보면 핏덩이 같은 뭉클함이
안타까움으로 번지는 가슴속은 얼마나 간절한가

철원평야 트랙터 엔진소리와 풍년가는
가시철조망에 밀려 팽팽함만 있는

이 땅은 얼마나 안타까움인가.

금학산 : 철원 동송에 있는 산

작품해설

침묵의 대지에 꿈틀대는 꿈

조광태 시인의 『구 철원 거리에 서다』를 읽고

심종숙 시인(평론가)

침묵의 대지에 꿈틀대는 꿈

조광태 시인의 『구 철원 거리에 서다』를 읽고

―――――――

심종숙 시인

(평론가)

인간은 대지와 함께 살아왔다. 하늘을 머리 위에 두고 나무의 일생처럼 살아왔다. 하늘이 인간에게 늘 하나의 꿈이 되고 자유가 되는 것은 대지에 붙박힌 나무처럼 인간도 대지와 함께 살아갈 수밖에 없는 존재이기 때문에 그런게 아닐까? 이런 물음으로 출발하여 조광태 시인의 시편들을 읽어보면서 우주 중에 가장 작은 별인 지구의 극동의 작은 나라 한반도에 시선이 꽂힌다. 한반도에서 이어지는 대륙, 아버지 같은 웅대한 땅덩어리의 극변에 삼면이 어머니 바다에 둘러싸여 거기에 사는 사람들은 그 태안에서 꿈을 꾸고 있는 것일까? 그렇다면 어떤 꿈을 꾸고 있는 것일까? 꿈을 꾸다 보면 과거로 돌아가고 거기에서 기억을 복기한다. 그 기억은 웅대했던 시절도 처참했던 나날들도 겹쳐진다. 그 기억들의 잔상을 남기는 대지에 시인은 발걸음을 옮긴다. 마치 영화기법 롱테이크처럼 천천히 지나가는 그곳에는 오래 되고 찌그러져 있거나 전쟁의 참상을 고스란히 지닌 건물들의 잔해가

143

드러난다. 시인은 그 대지에서 새로운 꿈을 꾸고자 한다. 처참한 기억의 파편들과 현재진행의 연장선상에서 어렵게도 꿈을 꾸고자 한다. 시인의 꿈은 처참한 기억, 파멸의 기억이 고스란히 배인 대지에다 생명을 불어넣어 회복을 시키고자 한다.

대지에는 산들과 골짜기가 있고 골짜기를 흐르는 계곡물이 평야를 적신다. 산들의 끝자락에는 구릉이나 작은 언덕들이 여성의 몸처럼 줄이어 누워있고 거기에 연달아 광활한 광야나 사막이 이어지거나 넓은 초원이 이어지거나 평야가 이어진다. 샘이 나는 오아시스나 강을 따라 인간의 집단촌락이 형성되고 정착하여 들을 가꾸어 살게 되었다. 크거나 작거나 그들의 공동체는 규칙을 지니고 관습대로 살아왔으며 생노병사의 순환 속에서 자연과 사계절의 연속성 속에서 이웃들과 이웃나라와 관계를 짓고 길항하면서 살아왔다. 그러니 인간은 대지에 매인 존재이다. 대지에 매인 인간의 운명은 우주에 대한 의지를 지니고 공중을 나르고 넓고 푸른 창공에다 자유로이 자신을 풀어놓고자 하였다. 그래서 인간은 하늘을 나르는 새를 꿈꾸었다. 그 희원은 사후의 새로 환생되길 꿈꾸기도 하였을 정도로. 그러나 인간의 이상은 현실과의 괴리 속에서 고뇌하였다. 밤하늘의 별에 이상을 두고 동경하였듯이 자유와 해방을 찾고자 하는 인간은 밤의 어둠과 같은 고뇌 속에서도 생명을 꿈꾸는 것을 멈추지 않았다. 그 꿈은 이루어지기도 하였고 시간에 따라 점차로 진보되기도 하였다.

거기에는 혁명의 물줄기가 분출하였을 때도 체제의 단단한 질서에 잡혀 억압과 통제의 고통에 눌리는 시간들도 있었다.

시인은 한반도의 작은 땅에서 대륙을 꿈꾼다. 분단된 대지의 철조망을 걷어내고 부산에서 나진을 거쳐 하바로프스크로 유라시아 대륙으로 길을 잇고자 한다. 끊긴 길은 우리들의 긴 기억 속에서 잊혀진 지명들을 일깨워주고 기억시켜서 거기에도 우리들의 체취를 스미게 한다. 이로써 그 잊혀진 지명, 마치 오래고 강고했던 체제가 유폐 시켰던 음습하고 생명이 없는 검은 땅에서 젖과 꿀이 흐르고 물길이 나고 그 물길을 따라 생명의 초원에 풀들이 자라나고 그 땅을 기름지게 하려는 시인의 의지는 그의 발걸음을 어디로 데려가는가? 사라진 잉카제국을 가듯이 그는 독자들을 데리고 한 때 일제의 압제에 벗어나 민족 해방 시기에 새로운 사회를 꿈꾸었던 이들의 깃발이 바람에 나붓겼을 노동당 사로 간다. 주일에는 사람들이 예배당에서 신에게 찬가를 바치며 지상의 꿈을 기원했던 이들이 마을을 이루고 살았던 곳, 분단되기 전의 철원으로 독자들을 이끌어 간다. 시인이 데리고 가는 구 철원이라는 장소성과 역사적 시간성이 이 시집을 관통하는 큰 줄기이다. 새로 개발된 철원의 시가지에서 이제는 멀어진 곳, 낡아가는 곳 구 철원, 거기는 한반도의 비극을 담고 있으면서도 새롭게 부활하려는 대지이다. 시인의 염원은 구 철원이 독자들에게 호명되는 대지가 되길 바란다.

구 철원 읍내에 포탄이 쏟아지고

하늘에서는 비행기 폭격으로

불바다가 되어 집들이 불타고

지옥이 되어 처참하게 무너지는

구 철원의 읍내 모습을

소이산은 다 지켜봤지요

동족끼리 총부리 겨누고

죽여야 살 수 있는 아우성 속에

살아 있어도 살아 있는 게 아닌 공포 속에서

언제 끝날지 모르는 전쟁의 회오리 속에

공포로 보내는 나날이 두려운 것은

언제 어떻게 죽을지 몰라서

죽음의 공포와 싸우는 모습도

소이산은 지켜봤지요

쏟아지는 포탄 터지는 소리에

처참한 죽음들이 쓰러지는 모습은

피의 파편으로 흔적조차 찾기 힘든 죽음들

살아서 고향에 가겠다는 간절함은

천둥 같은 포탄 소리에 묻혀

철원평야에 있는 산야마다

잠이든 용사들 한 맺힌 피눈물을

소이산은 다 지켜봤지요

-「구 철원 거리에 서다 -소이산」 부분

　구 철원의 대지는 소이산이 우뚝 솟아있고 그 산은 인간사 비
극의 역사를 지켜보았다. 같은 민족끼리 총을 겨누고 사람들이
무리죽음을 하고 일구어놓은 것들은 모두 불에 타거나 포탄에
맞아 상처를 입는다. 철원평야 넓은 들에는 그날의 전사들이 피
흘린 채 뒹굴었던 피의 땅이 었다는 것을 시인은 독자들에게 기
억시켜준다. 그 상처를 지니고도 그 자리에는 곡식들을 심고 자
라고 가을이면 거두어들일 테지만 과거의 기억 속에는 피가 흐
른 자국을 남긴다. 한국전쟁으로 피의 역사는 세월 속에 묻혔지
만 가장 치열했던 전투를 말없이 지켜봤을 소이산은 이제나 그
제나 우뚝 솟아있으면서 그 땅과 인간사의 아픔을 말해준다. 대
지는 이렇게 인간의 피가 흘러 울부짖고 있다. 구약성서 창세기
에서 한 형제인 카인이 아벨을 죽여 아벨의 피가 대지를 적시고
그 피는 울부짖고 있듯이 구 철원은 형제 살인의 원형을 보여주
는 땅이다. 이 인간사의 부조리와 그 결과로 이어지는 악이 난무
하는 시대의 민중의 삶은 그야말로 찢기고 피 흘리며 서로 반목
하고 피신하며 정착의 안정과 평화가 짓밟힌 시대였으며 삶의
터전이 피로 얼룩졌던 대지의 기억을 지니고 있음을 시인은 고
발하고 그 땅의 역사를 이야기해준다. 그러나 그 피의 기억을 간

직한 대지야말로 다시 일어나는 대지이며 다시 꿈꾸게 하는 대지로 시인은 보고 있다. 상처의 그 자리에서 옹이가 박혀 새 생명을 잉태하듯이 구 철원은 통일로 가는, 대륙으로 가는 시작점이라는 것을 시인은 독자들에게 인식시켜준다.

비록 지금은
분단의 땅으로
더 이상 갈 수 없는
막다름에 땅이지만
새로운 세상을 여는 곳은
여기 구 철원이지요

북녘땅으로 가는 곳도
더 큰 세상으로 뻗어가는 곳도
이곳이면서 새로운 꿈을 꾸면서
우리 상상의 국경선을 넓힐 곳도
휴전선 철조망을 안고 사는 이곳이지요

지금은 막다름에 길
더 이상 뻗지 못하는 종착지 이 땅은
침묵이 흐르는 땅으로 있으면서
새로운 시작을 꿈꿀 수 있는

철조망이 있는 땅이지요

철조망을 넘어서야 하는 땅이고
끊어진 철길도 이어야 하는 땅이면서
한반도의 새로움이 우리의 간절함이
팔천만의 마음이 모이는 곳이지요

철조망을 넘어서
분단을 넘어 더 큰 세상으로 가는
우리의 꿈은 여기서 시작하는 곳이니
마음을 모아 대륙으로 뻗는 꿈
우리끼리 이곳에서 열러 가자고요
　－「구 철원 거리에 서다 –구 철원」 부분

　구 철원 거리에서 시작되어 대륙으로 뻗은 꿈은 피의 대지가
꿈꾸는 대지요 움직이는 대지이며 다시 살아나는 대지가 되고
닫힌 분단이 가고 열린 통일이 시작되는 땅이다. 아직은 지뢰밭
이나 검문소를 통과해야 나다닐 수 있는 곳이거나 반생명의 물
질(무기)을 대지에 숨긴 땅이긴 하지만 그러나 그 대지는 통일
의 시작점이다. 시인의 그러한 의식에는 사람들로부터 잊혀져가
는 구 철원이라는 장소를 새롭게 부활시키고자 한다. 새로운 도
시가 만들어지고 잊혀져가는 장소는 기억 속에 유폐되어 버린

다. 시인은 유폐되어간 구 철원을 샅샅이 둘러보고 그 땅에 생명의 발걸음을 딛는다. 그곳의 여러 장소 들을 가보고 그 건물들에 얽힌 역사를 복기하다 보면 구 철원은 새로운 꿈을 꾸는 도시가 되는 것이다. 한 때 노동당사가 있었고 많은 사람들이 북적이며 살았던 마을, 새로운 사회 건설을 위해 발 빠르게 움직였던 젊은 발걸음들이 혁명을 꿈꾸었던 곳이었다는 것이다. 해방의 공간에서 반제반자본주의 외치고 이상의 목표였던 노동자가 주체인 사회주의 건설을 외쳤던 이들은 온데 간데 없다. 대신 포탄 자국을 남긴 노동당사는 철원이라는 지금은 휴전선이 있는 땅, 검문소를 통과하여야 하는 민간인이 통제를 받는 곳, 지뢰가 묻힌 땅이겠지만 농부들은 넓은 평야에서 사계절의 변화에 따라 씨를 뿌리며 가을에는 거두어들이는 땅이기도 하다. 시인은 구 철원의 노동당사를 침묵의 사탑으로 묘사하고 있다.

하늘 향해
서 있는 노동당사다
바라보면 침묵이고 침묵이다
온몸에 전쟁의 흔적인 포탄 자국이다
무너질 듯 버티면서 서 있는 모습은 안타까움이다
전쟁의 포성이 멈춘 지 수십 년이 흘러갔어도
아물지 못하는 상처는 품어주는 곳 하나 없음이다
오랜 세월 서 있는 노동당사에 얼키설키 서리게 달렸을

수많은 사연은 입에서 입으로 아프게 전해지는 노동당사다

　－「구 철원 거리에 서다 -노동당사」 부분

　침묵의 노동당사는 그날의 아픔을 계속 말해준다. 감리교회와
대조되는 노동당사, 하늘에다 염원을 기원하는 곳과 새로운 사
회를 건설하는 곳, 이 두 치열한 인간의 의지와 욕망이 구가되었
던 시절의 구 철원은 사람들이 저마다 꿈을 지니고 살았던 곳이
다. 그렇다고 지금의 철원이 비생명의 공간이라는 것은 아니다.
전쟁 말기 치열했던 철원 전투의 역사가 남은 그곳에는 혁명을
부르짖던 이들의 단절된 꿈이 있다. 북녘에 두고온 가족들을 그
리는 이들은 이 처참한 총탄이 박힌 노동당사를 바라보면 어떤
마음이 들겠는가? 미국에 의해 민족이 분단되고 2차세계대전이
끝난 후 냉전의 첫 전쟁이었던 한국전쟁(북은 민족해방전쟁이라
고 부른다)의 상흔이 고스란히 남은 노동당사 건물은 그 시대에
새로운 사회 건설을 위해 분주했던 사람들을 상상하게 한다. 침
묵으로 폐허로 남아있어야 할 곳이 아니라 이 땅에 사는 사람들
의 진정한 행복을 가져다주기 위한 사회주의 국가 건설의 신념
이 중단된 그곳은 민족의 완전한 해방이 중단되는 처절한 아픔
과도 상통한다.

　총탄 자국 포탄 자국
　아프게 남아 있는 감리교회

무너진 건물을 스치는
바람이 불어와도
계절이 바뀌어 봄이 와도
산과 들로 봄꽃이 요란해도
덩그러니 그렇게 있지요

어쩌다 교회가 궁금해서
지나가는 나그네 찾아와서
무너진 감리교회 주변을 돌고
곰보 돌로 쌓아진 벽 바라보다
쓸쓸함이 묻어난 걸음으로 돌아가는
구 철원 읍내 언덕 위에 감리교회
흰 민들레 홀씨 바람에 날리고 있네요
- 「구 철원 거리에 서다 -감리교회 2」 부분

주일이면 신을 믿는 사람들이 모여서 예배를 드리고 기도하는
마음들이 하늘과 이어지는 감리교회, 그 시절 마을에서는 대개
하나씩 있었던 교회는 포탄 자국을 남기고 황폐해져 있다. 다만
무연한 바람만 스치는 그곳은 보는 사람들로 하여금 안타깝게
한다. 사람들로 북적여야 할 그곳은 그야말로 전쟁의 상흔을 지
닌 폐허이다. 그래서 시인은 이 폐허 위에서 새로운 꿈을 꾸고자
한다.

이 땅의 끝과 끝이 연결되면

새로움이 되고 꿈이 되고 설렘이 되고

시작과 시작이 연결되면 또 다른 시작이면서

우리의 발길이 닿는 만큼 마음이 가는 만큼

거침없이 꿈을 펼쳐나갈 수 있으니

부산에서 나진 가는 철길이 열리면

나진에서 부산 가는 철길이 이어지면

우리는 가장 넓은 세상과 이어지고

가장 넓은 세상을 품을 수 있고

세상에서 가장 멀리 가는

철길을 가진 땅이 되겠지요

그래서 나진은 부산을 그리워하고

나진으로 달려가는 날 기다리는 부산은

시베리아횡단 철길의 시작이면서

대륙을 달려온 열차 종착역이지요

　－「나진에서 부산을 꿈꾸다」 부분

　조광태 시는 침묵하다, 꿈꾸다, 깨어나다라는 비대상 동사와 품다, 기다리다, 잇다, 달리다라는 대상을 두고 행위가 일어나는 동사군으로 변화되는 것에 주목하여 시를 읽어야 한다. 침묵하고 꿈꾸고 깨어나다는 주체의 관념적 사유를 표현하고 있고,

품다, 기다리다는 2,3인칭 대상을 염두에 두고 일어나는 동사이다. 잇다와 달리다는 1인칭과 2,3인칭 주체들 간의 관계성이 형성되고 달리다에서 함께 달려나가면서 가속성이 붙는 느낌을 준다. 이 운동성과 동작성은 철도와 연결되어 부산에서 나진, 그리고 시베리아횡단철도를 타고 유럽으로 나아가는 광대한 꿈이 현실이 되어 누리는 대지이다. 조광태 시인은 닫혀지고 패쇄적인 분단의 대지에서 개방적이며 광대한 대지를 꿈꾼다. 반도국가의 정체성이 대륙과 해양으로의 진출이라는 본질을 잘 보여주는 표현이기도 하면서 여기에는 경계를 넘어 국제적인 정서가 어우러진다. 한민족의 문화와 세계의 문화가 만나고 상호 공존하게 될 꿈의 루트를 시인은 꿈꾼다. 그것이 가능해지려면 앞당겨야 할 것은 민족 통일이나 최소한 남과 북의 자유왕래이다. 남북교류가 절연된 지금-여기의 답답함이 시인의 시편들에서 읽어낼 수 있는 것은 시인이 꿈의 시를 세밀하게 형상화하는 데에서 더욱 그렇다. 시인의 안타까움과 그리움은 시를 쓰게 하는 동인이 된다. 그리고 그것이 단순히 관념적이 아니라 장소를 찾아가고 거기의 사물들과 시인은 대화하고 그 사물들이 원래에 놓여있던 자리, 원래 했어야 할 역할들을 되짚어 보면서 안타까움, 그리움, 설레임의 감정으로 변화된다. 그리고 감정형용사인 아프다, 안타깝다, 쓸쓸하다가 그리워하다, 설레이다라는 긍정적 정서로 이동하는 것으로 봤을 때 시적 자아는 폐쇄된 내부의 기억에서 개방된 외부의 꿈, 지향, 품기, 기다리기, 잇기, 달려나가

기로 변화되어 간다. 북녘을 그리워하며 돌아가신 아버지를 가진 시인의 가족사는 구 철원의 역사와 오버랩이 되고 구 철원의 회복과 생명, 통일의 시작점이라는 희망은 이러한 패쇄적이거나 암울한 정서를 개방적이고 긍정적이며 활달하고 동적인 정서로 이동시키고 있음을 알 수 있다. 이러한 현상은 단지 시인의 가족사에만 그치지 않고 한반도의 사람들이 분단과 전쟁의 피해자이며 상처를 지닌 어둠과 폐쇄성을 지니면서도 세월이 흘러 개방적이며 자유와 해방을 갈구하여 통일을 이루려는 노력들로 에너지가 모아진다. 부산에서 나진 가는 철길이 이어지면 그의 꿈은 꾸는 데에서 달려나간다. 시인의 시는 그가 꾸는 꿈이다. 관념의 꿈, 밤에 꾸는 무의식이 전치된 꿈, 지향점인 꿈, 이러한 꿈들이 하나가 되어 생각에서 달려나간다. 달려나간다는 것은 완전한 실천이다. 그의 구 철원에 대한 탐방과 시쓰기는 강한 행동이다. 현장을 찾아가는 문학이면서 현장에서 형상의 씨앗들을 얻는다. 그는 그곳에서 종자를 발견한다. 그 종자는 민족 통일이다. 그 통일은 과거의 역사적 상흔에서 시작하여 싹이 튼다. 상처를 불태워 시인은 민족 해방이라는 투명한 정신의 궤도를 달려나간다.

오륙도가 있는 남해의 바다 내음
소금기 있는 넓고 아름다운 바다 내음
갈매기 끼룩끼룩 나는 파도 소리도 담아서

가슴 트이는 끝없는 수평선을 새겨 담아서

기운차게 동해의 넓은 바다를 끼고 달립니다

태백의 우뚝 솟은 산맥을 따라 달리다 보면

철썩이는 거친 파도 소리와 소금기 먹은

거친 사투리도 담아서 항구마다 비릿하게 풍기는

사람 냄새도 담아서 쇳소리 나는

기운찬 기적 소리로 달려가면서

눈부신 설악산 아름다운 풍경도 빠짐없이 담아내고

금강산 일만 이천 봉 봉우리마다 전설이 묻어 있는

이야기도 정성으로 담아서 마음으로는

구룡폭포 만물상 금강의 풍경들을 짚어 봅니다

유점사에 들러 이 땅이 하나 되게 하심이

감사하다는 마음에 합장도 올리고

일만 이천 봉 봉우리마다 참고 기다려준

이 땅의 사람들 이름을 새겨 넣어서

모든 덕이 부처님 은덕이라는 합장도 다시 해서

열차 길이 금강산을 끼고 달리는 모습을

감사하고 감사함을 두 손 모아 봅니다

　　　　　－「부산에서 러시아 가는 열차가 생긴다면」 부분

일만 이천 봉 봉우리는 한반도에 살아가는 민중들이다. 시인은 대지의 이미지인 드높은 봉우리 하나하나가 민족의 해방을 가져올 에너지들이며 꿈들이라고 본다. 오랜 세월 동안 분단이라는 고통의 십자가를 짊어져 왔던 민족, 참고 기다려온 이들이라고 본다. 시인의 눈에는 봉우리가 바로 그들이다. 그러니 '이 땅의 사람들 이름을 새겨 넣어서' 모든 덕이 불타의 은덕이라 여기며 합장한다. 분단으로 고통받은 민족에게 베풀어지는 자비는 민족 해방과 자유, 그 결과로서 통일이다. 기차길이 금강산을 끼고 달리는 모습은 미래에 맞이할 꿈이 이루어진 만화경이다. 시인의 영혼에는 그 만화경이 보이고 있다. 꿈꾸는 자는 이룬다고 했다. 꿈을 철저히 꾸었기에 가능한 일이지 않을까 생각한다. 어떤 꿈을 어떻게 꾸느냐에 따라 민족의 대업을 성취할 것인가가 달려있다. 역사의 현장을 찾아 스케치를 해온 시인은 대상에 대해 유장하게 사유를 풀어놓으면서도 세밀하다. 그리고 거기에는 한반도 분단과 그 상처라는 리얼리티와 현장의 사물들이 그에게 드러내는 밀어를 잘 듣고 그것들이 제 자리에 놓이고 제 역할을 다하게 되는 세상이 오길 염원한다. 그리고 그런 꿈이 이루어져 생명성을 회복하는 대지에 끊겼던 철길이 난다. 철길과 철길이 이어져 그 위에 오랫동안 멈추어 침묵했던 녹슨 기차는 잠을 깬다. 풀풀 몸을 털고 한 마리 거대한 철마가 되어 다시 기름을 먹고 레일 위를 힘차게 달린다. 시인의 시편들은 작두에 먹이는 한 웅큼 풀같이 그 철길을 달리는 철마이다. 그가 그려놓은 만화경이 숨 쉬는 대지의 달콤한 몽상이길, 그 몽상에서 깨어나지 않고 오래 오래 잠겼다가 이만 이천 봉우리가 손짓하며 부를 때 설레이며 서둘러 만나러 가길 필자는 빌어본다.

조광태 시집

구 철원 거리에 서다

초판인쇄 2024년 11월 05일 **초판발행** 2024년 11월 11일

지은이 **조광태**
펴낸이 **이혜숙** 펴낸곳 **신세림출판사**
등록일 **1991년 12월 24일 제2-1298호**

04559 서울특별시 중구 퇴계로49길 14,
　　　충무로엘크루메트로시티2차 1동 720호
전화 **02-2264-1972** 팩스 **02-2264-1973**
E-mail : shinselim72@hanmail.net
　　　shinselim@naver.com

정가 **12,000원**

ISBN **978-89-5800-277-2, 03810**

※ 이 시집은 2024년 강원특별자치도, 강원문화재단 후원으로 발간되었습니다.